学生地理探索丛书

Geographical exploration

U0636316

全球最美的
古迹遗址
HISTORIC
SITES

总策划/邢 涛　　主 编/龚 勋

THE MOST
BEAUTIFUL

重庆出版集团 重庆出版社
果壳文化传播公司

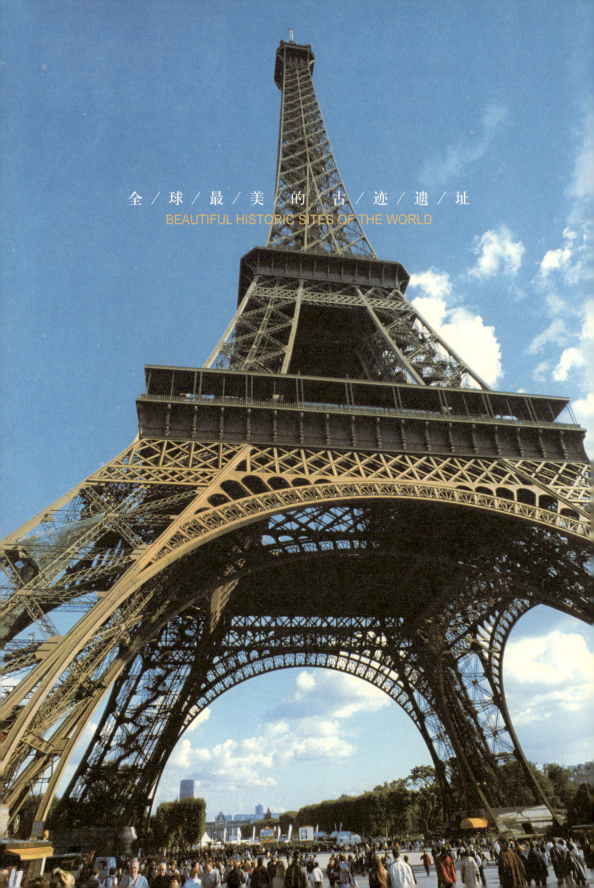

全 / 球 / 最 / 美 / 的 / 古 / 迹 / 遗 / 址
BEAUTIFUL HISTORIC SITES OF THE WORLD

FOREWORD

前言

在漫漫的人类历史进程中，古迹遗址既是人类辉煌的往昔，又是祖先智慧的创造，更是永垂不朽的传奇。追寻古迹遗址，不仅是对历史的尊重，同时也是对人类自身的一种关注。在这个蓝色的星球上，人类的繁衍生息已历经百万年，而文明的孕育、生发和绵延却只有几千年，然而，就是因为拥有了在这几千年的时间里积淀起来的文明之光，人类的行程才得以被照亮。走遍世界的每一个角落，人类以无与伦比的智慧和想象力创造出来的奇迹逐一展现在我们眼前：亚洲，有如梦似幻的泰姬陵见证古代帝后的爱情；欧洲，在落入凡间的仙境——新天鹅石宫里还残留着路德维希二世浪漫的帝王之梦；而在充满了古旧色彩的非洲、美洲，则有着神秘莫测、令人惊异的真正古老的文明……光阴如白驹过隙，这些遗址已然成为横陈于大地上的历史记忆。

本书精选了86处古迹遗址，内容涵盖宫堡要塞、宗教圣地、古迹文明、历史名城、建筑奇观五大部分，从各个方面突出表现了人类非凡的创造力。大量精美的图片使本书图文并茂、异彩纷呈。我们相信，《全球最美的古迹遗址》能够引领你走进时光的最深处，去感受人类历史的壮阔辉煌与生生不息。

如何使用本书

　　为了方便阅读，下面向读者介绍一下《全球最美的古迹遗址》的使用方法。本书共分为"宫堡要塞"、"宗教圣地"、"古迹文明"、"历史名城"和"建筑奇观"五个篇章。每个篇章又分为若干知识点，详细介绍了与主题相关的知识内容。

英文 ●
　　对主标题的英文描述。

书眉 ●
　　双数页书眉标示丛书名，单数页书眉标示书名。

主标题 ●
　　当前页主要古迹遗址的名称。

学生地理探索丛书
Geographical exploration series

爱丁古堡 ● *The Castle of Edinburgh* ● 英国

位置	英国苏格兰爱丁堡市中心一带的城堡山上
年代	始建于公元6世纪
特别点评	苏格兰的精神之堡，苏格兰历史文化的重要发源地

爱丁古堡位于苏格兰中部福斯湾南岸的城堡山上。

最浓的城堡之一，无愧为苏格兰的精神之堡。

古堡风姿

　　爱丁古堡兀自平空拔地，傲立在三面均为峭壁的火山岩丘上，独留东向山脊势如飞龙，浑然一个绝佳的军事要塞。在那战火纷争的铁血年代，把王宫置入这样的堡垒之中，自是最明智的选择。公元6世纪时，一群骁勇善战又精于石雕艺术的皮克特人在此建立滩头堡，扼守福斯湾。从此，这里便开始经受血和火的反复洗礼，直到公元638年，诺森布里亚王爱德华终于有能力和资本将破败的堡垒重新建立，也才有了今日人们看到的坚实雄伟的城堡格局。爱丁堡首先是一座堡垒，同时还是皇宫，军事要塞和国家监狱。城堡规模

辅标题 ●
　　构成该古迹遗址的知识点的名称。

辅标题说明 ●
　　对辅标题知识点所做的具体阐述和讲解。

苏格兰的象征

　　自罗马人入侵不列颠开始，苏格兰的历史就是一部抵御外侮的血泪史，与英格兰的一连串历史恩怨更是著名，历史上，两地有时王室联姻，有时相互杀伐攻战，但整合统一才是民心所向，

爱丁古堡的城墙颇厚重，但16世纪中期，它还是先后两次遭到英格兰军队的破坏。

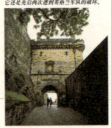

大势所趋。历经数次战役后，两地于1707年签下了统一法案，苏格兰正式纳入英帝国版图；爱丁堡成为苏格兰的省会，同时也是苏格兰的政治、文化和经济中心。如今的爱丁堡以王子街公园为中心分为南北两部分，以南为老城，以北为新城。老城保持着鲜明的中世纪风貌，最引人入胜的地方便是充满历史记忆的爱丁古堡。现在，古堡内陈列着苏格兰国王的王冠、权杖、御剑及宝座等，独特的建筑风格、众多的历史古迹以及凝重悠久的历史文化传统，使得爱丁古堡无愧为欧洲文化氛围

图片 ●
　　与当前页古迹遗址相关的图片，让您对相关内容有更真切的认识。

篇章名称 ●
　每一篇章的内容总括。

第三章
古迹文明　Part 3
Historic Civilization

天明象征着人类活动在地球上留下的印记。是人类自己创造活动的结果，人类今天所遇有的历史、科学、文学、艺术等方面的丰富的文化遗产，无不源于古老文明。

今天，那些古文明的遗痕散落着世界各个角落，为人们留下一段历史的空间，尽管长城早已失去它本来的防御功能，但静却以被留万年的坚缩阿哥止诉着文明的悠久历史，佛依然河流逝的岁月，通天塔……通过了了无到人去古代文明的遗失，留下遗布不定的虚幻……

原始，记录着蛮荒时代的先辈与智慧，昭示着失落文明的奇异往昔，它的存在使现代人清醒　领阳前进。

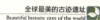
全球最美的古迹遗址
Beautiful historic sites of the world

不大，也谈不上奢华，但却厚实稳重，给人以莫大的安全感。

门·堂馆·大炮台

　古堡正门的左右两侧，竖立着两尊苏格兰民族英雄塑像。左边的是威廉·华莱士。700年前，他曾为苏格兰的独立率军抗英，并屡建奇功，兵败被俘后凛然就义。正门右侧塑像是苏格兰的再造元勋布鲁斯，史称"罗伯特一世"。他登基后重整旗鼓，在多次战役中屡败屡战，终于击溃强敌，代表了苏格兰人热爱自由和百折不挠的民族精神。

　古堡内的玛格丽特教堂是爱丁堡最古老的建筑，也是全苏格兰最古老的教堂。1130年，教堂由大卫一世建造，取名自大卫一世的母亲玛格丽特。教堂供王室专用的小礼拜堂是古堡建筑群中唯一一个遗留下来的12世纪的古

迹。教堂外观虽然平实质朴，但内部却绚丽无比，是典型的诺曼底时期建筑。由于这座教堂坐落于堡丘的最高点，16世纪时因军事需要，曾被改建成弹药库。这座小小的建筑至今仍是民众举办婚礼或其他仪式的场所，甚至每周还有一个叫玛格丽特的爱丁堡妇女轮流到这里来献上鲜花、打扫布置。城堡中还有军事博物馆，馆内分兵器、军服等收藏室，收藏了从中世纪到19世纪末

的各种实物，展现了欧洲兵器和军服的演变和发展过程。展品中还有苏格兰王朝的皇冠、权杖、宝剑等。古堡内其他重要的建筑还有王宫、旧议会大厅、苏格兰国家战争纪念馆等。

　在古堡的城墙上，密集地排列着一尊尊大炮，其中的半月炮台尤其显眼。这个炮台由坚固的弧形城墙围绕，呈现出古堡宏伟而威风凛凛的面貌。此炮台曾在1650年与1669年两次遭受严重的摧毁，但随即又在同年进行修复，终成现有外观。旧时，城堞间存放着铁制火蓝，当战事发生时，便引燃烽火以示警告。16世纪，王室又命人制造了名为"七姐妹"的攻城炮，安置于城墙上，大大增加了古堡的防御能力。

爱丁堡于1995年被联合国教科文组织列为世界文化遗产。

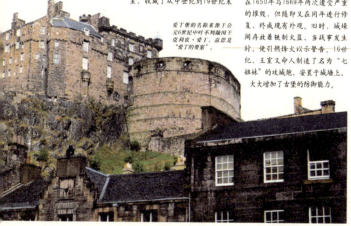
爱丁堡的名称来源于公元6世纪中叶不列颠国王克利农·爱丁，总思是"爱丁的要塞"。

● 篇章内容概述
　用高度简练的文字对该篇章的主要内容进行介绍，使读者大致了解该篇章内容的结构脉络。

● 小资料
　与当前页内容相关的背景知识。

● 图片说明
　对图片的文字说明，同时讲解与正文有关的知识点。

BEAUTIFUL
HISTORIC SITES
OF THE WORLD 目录

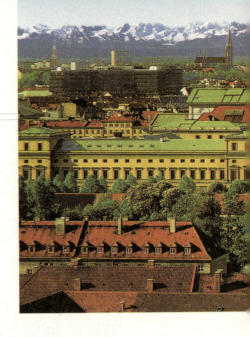

Part 3 Historic Civilization
第三章 古迹文明

第一章
宫堡要塞
Part 1
Palaces and Forts

　　帝王将相的宫、堡、城、池记录着不同时代的历史积淀，透射出浓郁厚重的人文气息，使人不由得仰视、凭吊。

　　从世界上最大的皇家宫殿建筑群北京故宫到气势磅礴的哥特式建筑群威斯敏斯特宫，从弥漫骑士风采的新天鹅石宫到散发着无尽艺术气息的卢浮宫……当这些珍贵的历史遗迹展现眼前，我们会突然发现，原来沧桑的过去离我们如此之近：它就是金碧辉煌的御座、晶莹耀眼的水晶吊灯，或是庭院锈迹斑斑的铁栏杆、青苔遍布的斑驳古墙……

　　历史便这样成了触手可及的真实。

克里姆林宫 · *Kremlin Palace* · 俄罗斯

位置 ｜ 俄罗斯首都莫斯科城中心，莫斯科河畔

年代 ｜ 始建于1156年

特别点评 ｜ 典型的俄罗斯风格建筑，俄罗斯国家权力的象征

克里姆林宫位于俄罗斯的莫斯科市中心，是俄罗斯的标志之一。

见证历史的城堡

俄语"克里姆林"的意思是"城堡"，在俄罗斯各大城市的"克里姆林"之中，以莫斯科的克里姆林宫最具代表性。它不仅是莫斯科的焦点，也是俄罗斯辉煌历史的见证。关于克里姆林宫最早的历史记载始自1156年，当时它只是一个刚刚建成的橡木城堡。13世纪，蒙古人占领了俄罗斯。200多年后，莫斯科大公伊凡三世摆脱了蒙古统治者，在莫斯科定都，克里姆林宫随即成为皇家宫殿。此后，伊凡三世陆续聘请了许多意大利著名建筑师，重新扩建了今日克里姆林宫及其东北侧城墙外的广场——红场。19世纪初，莫斯科在拿破仑大军进攻下成为一片废墟，好在城市并未沦陷，统治者于战后除了迅速恢复克里姆林宫的旧有规模外，还在红场上增建了不少讲究色彩装饰的教堂。今天的克里姆林宫由一道全长2235米、厚6米、高约20米的砖红色围墙包围，内部面积达28万平方米；除了4座城门、19座塔楼外，里面还有许多壮观的建筑，包括教堂、皇宫及办公大楼等，规模十分庞大。

伊凡大帝钟楼是克里姆林宫中的最高建筑物，楼内悬挂着十几个大小古钟。

俄罗斯建筑的代表

克里姆林宫曾经三次重建，现存的城墙和建筑多半为15世纪伊凡三世时期进一步扩建而成的。由于当时希腊正教的重心由君士坦丁堡迁移到莫斯科，在宗教的影响下，这里的教堂及宫殿建筑出现了拜占庭风格的金色圆顶；此外，参与扩建的建筑师均为意大利名匠，他们在原来的中古俄罗斯传统建筑上又融合了意大利文艺复兴式样，使克里姆林宫成为独特的俄罗斯式建筑。15世纪末，意大利著名建筑师及俄国工匠开始修建克里姆林宫外的城墙。建筑

报喜教堂

新墙时，为了不造成防守上的漏洞，每拆除一小部分旧墙，便立刻建起新墙。这项工程共花了10年时间，并在城墙完成之后的200年里，陆续建造了19座高大的尖塔。

宫殿·教堂·红场

大克里姆林宫是克里姆林宫中的主要建筑。克里姆林宫墙内，朝向莫斯科河有三列高窗的漂亮建筑物就是大克里姆林宫，它于1839~1849年在旧宫原址上建造，由古老的安德烈夫斯基大厅和阿列克山德洛夫斯基大厅连通而成。大克里姆林宫外观是仿古典俄罗斯式，厅室全部建筑样式多变，配合协调，装潢华丽。宫殿的正中是饰有各种花纹图案的阁楼，上有高出主建筑物的紫铜圆顶，达13米，并立有旗杆，节假日会升国旗。大克里姆林宫内部呈长方形，楼上有露台环绕的总面积达2万平方米的700个厅室。从前，宫殿第一层除了处理政务的

处所以外，全是沙皇私人宫室；白色宽阔的楼梯通往二层各厅，那里有格奥尔基耶夫大厅、弗拉基米尔大厅和叶卡捷琳娜大厅，从前曾是沙皇接见使臣的地方。

在克里姆林宫中心最古老的教堂广场上，建有圣母领报大教堂、圣母升天大教堂、报喜教堂和天使大教堂。几个教堂内部都有精细的镶嵌、壁饰和带有黄金框架的圣像书，灿烂夺目，令人目不暇给。圣母领报大教堂于1470年初期开始修建，是皇室成员做礼拜的地方。由于当时俄罗斯国内的建筑商无能力担负如此庞大的工程，并且由于复杂的结构，一部分墙壁一度倒塌；因此伊凡三世便请来一些意大利建筑师，使圣母领报大教堂融入了拜占庭风格的某些特色，特别是巨大的中央小圆顶和角落的小圆顶。此外，教堂石灰石的外观反映出平面图上等边开间的完美比例，而其内部则用圆柱取代笨重的墩柱，比过去任何一座莫斯科教堂更为轻盈宽敞。有5个顶的白色石头教堂是圣母升天大教堂，建于1480年，由意大利建筑师修建，历代大公和沙皇在这里举行加冕礼。稍晚于圣母升天大教堂的是1489年建成的报喜教堂，它原为希腊十字形的具有3个圆顶的建筑，后

红场上的圣瓦西里升天大教堂

又扩建成造型美观的具有9个金色圆顶的教堂，在当时被称为"金色拱顶"，这里是皇族子孙洗礼与举行婚礼的地方。天使大教堂建于1509年，是从伊凡一世到彼得大帝历代莫斯科沙皇和大公的墓地。

位于克里姆林宫东北侧城墙外的红场，长约700米，宽30米，总面积约9万平方米。"红场"在俄语中的意思是"美丽的广场"。红场并不是红色的，但在沙皇统治时期曾是执行极刑的地点，因此烙下血迹斑斑的历史痕迹，故称"红"场；而现在的广场是莫斯科市民集会的场所。红场周边有许多俄罗斯重要的历史古迹，其中以圣瓦西里升天大教堂最引人注目。圣瓦西里升天大教堂建于1555年，是为纪念喀山公国和阿斯特拉罕合并于俄罗斯而建造的。教堂结构独具一格，由9座教堂巧妙地结合在一起，中间高高隆起的一座较大，周围八座略小，层次分明，错落相连。9座教堂均为圆顶，最高的顶尖有47米高。

爱丁古堡 · *The Castle of Edinburgh* · 英国

位置 ｜ 英国苏格兰爱丁堡市中心一带的城堡山上
年代 ｜ 始建于公元6世纪
特别点评 ｜ 苏格兰的精神之堡，苏格兰历史文化的重要发源地

爱丁古堡位于苏格兰中部福斯湾南岸的城堡山上。

苏格兰的象征

自罗马人入侵不列颠开始，苏格兰的历史就是一部抵御外侮的血泪史，与英格兰的一连串历史恩怨更是著名。历史上，两地有时王室联姻，有时相互杀伐攻战，但整合统一才是民心所向，

爱丁古堡的城墙虽厚重，但16世纪中期它还是先后两次遭到英格兰军队的破坏。

大势所趋。历经数次战役后，两地于1707年签下了统一法案，苏格兰正式纳入英帝国版图；爱丁堡成为苏格兰的省会，同时也是苏格兰的政治、文化和经济中心。如今的爱丁堡以王子街公园为中心分为南北两部分，以南为老城，以北为新城。老城保持着鲜明的中世纪风貌，最引人入胜的地方便是充满历史记忆的爱丁古堡。现在，古堡内陈列着苏格兰国王的王冠、权杖、御剑及宝座等。独特的建筑风格、众多的历史古迹以及凝重悠久的历史文化传统，使得爱丁古堡无愧为欧洲文化氛围最浓的城堡之一，无愧为苏格兰的精神之堡。

古堡风姿

爱丁古堡兀自平空拔地，傲立在三面均为峭壁的火山岩丘上，独留东向山脊势如飞龙，浑然一个绝佳的军事要塞。在那战火纷争的铁血年代，把王宫置入这样的堡垒之中，自是最明智的选择。公元6世纪时，一群骁勇善战又精于石雕艺术的皮克特人在此建立滩头堡，扼守福斯湾。从此，这里便开始经受血和火的反复洗礼。直到公元638年，诺森布里亚王爱德华终于有能力和资本将破败的堡垒重新建立，也才有了今日人们看到的坚实雄伟的城堡格局。爱丁堡首先是一座堡垒，同时还是皇宫、军事要塞和国家监狱。城堡规模

不大，也谈不上奢华，但却厚实稳重，给人以莫大的安全感。

门·堂馆·大炮台

古堡正门的左右两侧，竖立着两尊苏格兰民族英雄塑像。左边的是威廉·华莱士。700年前，他曾为苏格兰的独立率军抗英，并屡建奇功，兵败被俘后凛然就义。正门右侧塑像是苏格兰的再造元勋布鲁斯，史称"罗伯特一世"。他登基后重整旗鼓，在多次战役中屡败屡战，终于击溃强敌，代表了苏格兰人热爱自由和百折不挠的民族精神。

古堡内的玛格丽特教堂是爱丁堡最古老的建筑，也是全苏格兰最古老的教堂。1130年，教堂由大卫一世建造，取名自大卫一世的母亲玛格丽特。教堂供王室专用的小礼拜堂是古堡建筑群中唯一一个遗留下来的12世纪的古

爱丁堡于1995年被联合国教科文组织列为世界文化遗产。

迹。教堂外观虽然平实质朴，但内部却绚丽无比，是典型的诺曼底时期建筑。由于这座教堂坐落于堡丘的最高点，16世纪时因军事需要，曾被改建成弹药库。这座小小的建筑至今仍是民众举办婚礼或其他仪式的场所，甚至每周还各有一个叫玛格丽特的爱丁堡妇女轮流到这里来献上鲜花、打扫布置。城堡中还有军事博物馆，馆内分兵器、军服等收藏室，收藏了从中世纪到19世纪末

爱丁堡的名称来源于公元6世纪中叶不列颠国王克利农·爱丁，意思是"爱丁的要塞"。

的各种实物，展现了欧洲兵器和军服的演变和发展过程，展品中还有苏格兰王朝的皇冠、权杖、宝剑等。古堡内其他重要的建筑还有王宫、旧议会大厅、苏格兰国家战争纪念馆等。

在古堡的城墙上，密集地排列着一尊尊大炮，其中的半月炮台尤其显眼。这个炮台由坚固的弧形城墙围绕，呈现出古堡宏伟而威风凛凛的面貌。此炮台曾在1650年与1669年两次遭受严重的摧毁，但随即又在同年进行修复，终成现有外观。旧时，城堞间存放着铁制火篮，当战事发生时，便引燃烽火以示警告。16世纪，王室又命人制造了名为"七姐妹"的攻城炮，安置于城墙上，大大增加了古堡的防御能力。

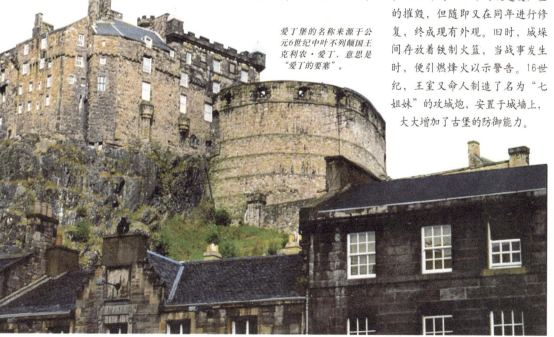

威斯敏斯特宫 · *Westminster Palace* · 英国

位置 ｜ 伦敦西区中央，泰晤士河北岸

年代 ｜ 始建于1065年

特别点评 ｜ 英国最重要的宫殿之一，英国议会所在地，英国哥特式建筑的杰作

王权的象征

威斯敏斯特宫坐落在英国伦敦泰晤士河畔，是世界上最大的哥特式建筑，也是英国的议会大厦，上、下议院就设在这里。伦敦的西郊曾建有一座教堂。11世纪中期，英王爱德华一世在那里重建了教堂，并增修了一座宫殿。几经扩建，女王伊丽莎白一世于1506年将其改建为皇宫，宫殿于1547年成为英国议会所在地。威斯敏斯特宫几经火灾，几次重建。1840年重建的宫殿保持了原有风格的完整性，并发扬了新哥特式风格，成为英国最显著的中世纪建筑和王室权力的象征。威斯敏斯特宫这个文化遗址记录了英国历史的风风雨雨，以其特有的历史文化价值展示了英国最具代表性的景观。

著名的"大本钟"是伦敦的象征之一，由当时的国务大臣本杰明·霍尔爵士监制。为了纪念他的功绩，人们为它取名为"大本"。

宫殿建筑群

威斯敏斯特宫主体建筑是前后三排长达287米的宫殿大楼，两端和中间由7座横楼连接。宫内共有14个大厅和数百个房间，一座圆形中央大厅将宫殿分成南北两部分，南面是上议院，北面是下议院。宫殿西南角和东北角各有一个高塔。西南角的维多利亚塔被用来存放议会的重要文件档案；东北角的方形尖塔是一座96米高的钟楼，楼顶便是闻名全球的大本钟。宫殿西面是威斯敏斯特教堂，于1050年由英王爱德华一世下令修建；现存的教堂为1245年亨利三世时重建的。大教堂几经修葺，被认为是英国哥特式建筑中的杰作。

威斯敏斯特宫又称"议会大厦"，自建成起的400多年中一直是英国的主要王宫。

大厅·议院·教堂

1834年的一场大火烧毁了威斯敏斯特宫的绝大部分地方，只留下唯一的威斯敏斯特大厅；此后，又花费了几年时间才将宫殿恢复旧观。这座大厅已有900年的历史，可算为真正的古迹。它长72米，高20多米，以橡木为梁，修筑于11世纪末。大厅除用于国王举行盛大国宴外，从15世纪初起，还被当做审判头等政治犯的法庭。1649年，国王查理一世被判处死刑前，曾在这里受审。查理国王之后的"护国公"克伦威尔的首级也在这里陈放。同时这里也发生过一些重要的历史事件，其中包括国王爱德华二世在此宣布退位。自20世纪以来，这个大厅还被用来举行国葬典礼。1965年丘吉尔逝世后，他的遗体告别仪式也在这里举行。2002年4月5日，悼念英国女王的母亲王太后的盛大仪式也在威斯敏斯特大厅举行。

威斯敏斯特宫以大厅为中心分为南北两部分，南半边是上议院，即贵族院，陈设布置以红色为主；北半边是下议院，亦称"众议院"，装潢以绿色为标志。上议院的正面坛台上有英王宝座，坛台前是上议院议长的座位，座位上的坐垫是一个大羊毛袋。据说这个羊毛袋已有400多年历史，并且同英国靠羊毛工业起家的历史有关。在上议院议长席两侧，各有四排红皮椅，为上议院议员席位。1941年5月10日夜晚，威斯敏斯特宫遭到德国空军的猛烈轰炸，下议院的会议大厅全被摧毁。战后，英国政府按原样修复，重建的下议院会议大厅于1950年10月26日落成；但其规模、装饰都略逊于上议院。大

厅正中通道北端的一把大座椅为议长席，右边是执政党议员坐席，左边是在野党议员坐席。内阁成员和反对党成员分别坐在两厢的前排，称"前座议员"，其他则是"后座议员"。

在宫殿的西边耸立着著名的威斯敏斯特大教堂。教堂的外表原为白色，正门朝西，教堂塔尖刺向天空。教堂的平面图为十字架形，长156米，宽22米，大穹隆顶高31米，两边双塔高69米。整座教堂金碧辉煌，再加上高耸的双塔，更显庄严神圣。教堂内有一张英皇加冕时用的宝座，宝座下面是一块来自苏格兰的称作"斯库恩"的圣石，它们都是英国的镇国之宝。

威斯敏斯特宫前的查理王雕像

威斯敏斯特教堂既是英国国教礼拜堂，又是历代国王举行加冕典礼、王室成员举行婚礼的大礼堂，还是一个国葬陵墓。

伦敦塔 · *The Tower of London* · 英国

位置	英国伦敦东南部的塔山上，南临泰晤士河
年代	兴建于1078年
特别点评	英国中世纪建筑的经典，集诸多功能于一体的古城堡

塔式宫堡

威廉一世为镇压当地人的反抗保卫伦敦城，于1078年开始动工兴建伦敦塔，历时20年。后来，历代王朝又修建了其他建筑物，使伦敦塔既有坚固的兵营堡垒，又有富丽堂皇的宫殿，还有天文台、监狱、教堂、刑场、动物园、小码头等建筑。伦敦塔名为"塔"，实际上是英国流行罗马建筑时期的一座城堡式建筑。按最初规划，它建置在罗马时期的伦敦旧城墙内，后经扩建，其边界向东延伸，越出旧城墙之外。作为一个防卫森严的堡垒和宫殿，英国数代国王都曾在此居住，国王加冕前住在伦敦塔更成为一种惯例。

伦敦塔曾作为堡垒、军械库、国库、铸币厂、宫殿、刑场、公共档案办公室、天文台、避难所和监狱。

伦敦塔传奇

伦敦塔虽然曾经是王室的住所，却曾一度作为关押、拷问、处刑要犯的监

伦敦塔最重要、最古老的建筑是位于要塞中心的诺曼底塔楼，即"白塔"。塔高27.4米，东西长35.9米，南北长32.6米，用坚硬粗糙的毛石砌成。

狱。最为悲惨黑暗的事件发生在1483年，当时13岁即位的幼主爱德华五世及其胞弟理查德被关在塔内，并遭暗杀。琼·格蕾女士的故事亦令人心碎。她被极富野心的双亲及义父推上王位，却在先王的亲生孩子玛丽上台之后而被判叛国罪，并于1554年受刑而死。这位可怜的琼只在王位上坐了9天，死时不过18岁。此外，还有伊丽莎白一世被幽禁、福克斯一伙被拷问与处死、大战中数名间谍命丧于此等等，发生在伦敦塔的充满血腥味的故事数不胜数。

要塞·白塔·渡鸦

伦敦塔曾是英国最具历史意义的要塞。整个要塞由两道防御围墙围合，最初是一圈低矮的墙体，墙外缘以一道沟堑形成一道屏障。矮墙既可作为掩体，又不遮挡内墙后面和塔楼内的卫兵瞄准和射杀敌人。伦敦塔沿外墙设有6座碉堡，东北和西北角为圆形的棱堡，可以居高射杀壕沟外的目标；南面临河设有塔门跨于壕沟之上，塔门有矮墙和箭孔控制着河道。伦敦塔内墙较高，沿墙设有13座碉堡，构成第二道防御屏障。碉堡凸于墙外，卫兵可居高临下俯视墙外每寸土地，并可抵御来自任何方向的攻击。这些碉堡战时用于防卫，平时则作为住房；碉楼分为两层或三层，房间都很宽敞。

伦敦塔最重要而且最古老的建筑是位于要塞中心的诺曼底塔楼，它是整个建筑群的主体，因其用乳白色石块建成，故

伦敦塔屹立于泰晤士河北岸。

守卫伦敦塔的士兵是一支训练有素的队伍，他们的主要职责之一便是看守英国王权的象征物——皇冠和权杖。

又称"白塔"。当初设计伦敦塔时，并没有考虑将它作为囚禁犯人的监狱。但白塔动工后不久，伦敦的几处监狱人满为患，政府不得不将一部分犯人囚于这座白塔的地下室内，最多时里面竟关押了1700名犯人。这以后常有犯人被押解至此，伦敦塔也就逐渐成为国家监狱。

伦敦塔内饲养珍稀动物的历史可以追溯到13世纪的国王亨利三世，当时他命人寻来花豹和北极熊，关在塔内饲养。此后，伦敦塔内喂养的动物品种越来越多，其中最特别的当属渡鸦。渡鸦在英国是一种受保护的黑色食肉鸟类，在伦敦塔内有一套专门喂养渡鸦的程序。关于渡鸦有个古老的传说：如果渡鸦离开伦敦塔，伦敦塔就会倒塌，王朝也将随之垮台。为此，人们对塔内的渡鸦倍加爱护，生怕得罪它而给自己带来厄运。为防止渡鸦飞出伦敦塔，饲养人员在专家指导下给每只渡鸦修剪翅膀，这样它们就只能在塔内扑腾了，所以现在人们把渡鸦戏称为"伦敦塔内最后的囚徒"。

白金汉宫 · *Buckingham Palace* · 英国

位置 ｜ 英国威斯敏斯特城内，伦敦詹姆士公园的西边
年代 ｜ 始建于1703年
特别点评 ｜ 集合办公与居家功能，英国皇室的最高象征

当女王住在宫中时，王室旗帜会在宫殿上空高高飘扬。

亚女王。如今，英国女王和王室成员以及王室工作人员仍旧住在宫中。白金汉宫于1931年用石料装饰了外墙面，王宫得以重放异彩。

开放的皇宫

白金汉宫是一座四层楼的正方形建筑物，宫内有典礼厅、音乐厅、宴会厅、画廊等600余间厅室，收藏了许多绘画和家具。白金汉宫正门前的广场中心建有维多利亚女王纪念碑，雕刻有女王像。宫殿西侧为占地16

白金汉宫正面富丽堂皇。

宫前广场的胜利女神金像站在雄伟的大理石台上，金光闪闪，仿佛从天而降。

皇室之家

1703～1705年白金汉公爵在今天伦敦最高权力所在地——威斯敏斯特区建造了"白金汉屋"。1703年，安妮女王把此地赏给了白金汉公爵。1762年，乔治三世将公爵宅邸买下来送给他的妻子，并称"女王宫"。1825年，乔治四世将其改作王宫，自此，白金汉宫便成了皇室的家。第一位真正入住白金汉宫的君主是维多利

万平方米的御花园，是王室举行招待会的地方，也是王室接待外宾及为国家举行多项庆典仪式的地方。1992年11月，英国王室的另一王宫——温莎堡发生火灾，为补偿修复所需的巨额开支，女王于1993年春宣布，白金汉宫于8月7日到9月30日正式对国内外游客开放，并作为惯例，此后每年8～9月都对外开放。但是，白金汉宫仅有三处地方可供游人参观，一是每天上午11时30分举行皇家卫队换岗仪式的王宫前；二是王宫南侧的女王美术馆；三是皇家画廊和皇家马厩。其他地方不对外开放。

皇家卫队换岗仪式

厅室·仪式·藏品

白金汉宫是一个"口"字形的三层建筑物，主体宫殿朝向东方，中间是一个长方形院子。王宫西侧为宫内正殿，其中最大的"皇室舞厅"建于1850年，专为维多利亚女王修建，厅内悬挂有巨型水晶吊灯。蓝色客厅被视为宫内最雅致的房间，摆放着拿破仑一世的"指挥桌"，这是拿破仑失败后，法国国王路易十八赠送给当时英国国王乔治四世的。白色客厅用白、金两色装饰而成，室内有精致的家具和豪华的地毯，大多是英、法工匠的艺术杰作。御座室内挂着水晶吊灯，四周墙壁顶端绘有15世纪玫瑰战争的情景；正中的御座是当今女王伊丽莎白二世1953年加冕时和丈夫爱丁堡公爵使用的；室内还保存了维多利亚女王的加冕御座和英王乔治四世加冕时使用的四张大座椅。宫内音乐室的房顶呈圆形，用象牙和黄金装饰而成，维多利亚女王和丈夫艾伯特亲王曾经常在此举办音乐晚会。

白金汉宫正面广场围以铸铁栅栏，为皇家卫队换岗仪式的场所。每年4～9月的每天上午11：30～12：00在此举行换岗仪式，其他月份每两天举行一次。在军乐和口令声中，头戴高冠、身着红衣黑裤的英国皇家卫队做各种列队表演，举枪互致敬礼，一派皇室气象。

白金汉宫收藏有乔治四世收集的18世纪法国的各式家具、做工考究的银器、玲珑精美的钟表和英式枝形吊灯等。由于这些收藏地点不对外开放，故世人没有机会欣赏到这些珍品。而在王宫南侧的女王美术馆也收藏有许多艺术珍品，其中包括十几幅珍贵的达·芬奇作品，如《年轻男子的头像》、《习作：马》和《肩的解剖结构》等，它们从1690年起就由英国王室收藏。白金汉宫的附属建筑还包括皇家画廊和皇家马厩，均对公众开放。其中皇家画廊内收藏有鲁本斯、伦勃朗、弗美尔等人的绘画作品以及卡诺瓦等人的雕塑作品；皇家马厩中展示的各式马具、马车，也都令人大开眼界。

哥本哈根皇家宫堡 · *Palaces of Copenhagen* · 丹麦

位置	丹麦首都哥本哈根市内
年代	大部分建于15世纪以后
特别点评	记录着丹麦不同历史时期的发展痕迹

哥本哈根既有现代气质，又具古典特色。在许多古建筑物中，最有代表性的是一些古老的皇家宫堡。

今昔哥本哈根

根据丹麦历史记载，哥本哈根在11世纪初还是一个小小的渔村。随着贸易的日益繁盛，到12世纪初，小渔村发展成为一个商业城镇。由于这里是一处狭长的水域，这一战略上的重要地位很快就使这座城市发展起来。15世纪初，哥本哈根成为丹麦王国的首都，并在北欧日耳曼地区占据着文化和商业的统治地位。1856年哥本哈根拆除城墙后，城市从最早兴起的地方迅速向四周扩展。20世纪60年代末，哥本哈根开始郊区化，市区人口逐渐减少。今天的哥本哈根既是传统的贸易和船运中心，又是新兴的制造业城市，数条铁路和公路经轮渡连接国内外城市。哥本哈根海边有闻名世界的美人鱼铜像，是该市的象征。

火中新生

1588～1648年间在著名的克里斯蒂安四世统治时期，哥本哈根建造了许多漂亮的皇家建筑。它们的特殊风格给哥本哈根增加了首都的特征。

然而，1728年的一场大火毁坏了这里不下1640幢房屋，包括教堂、市政厅和大学。后来许多建筑得到了重建，但是1794年爆发了一场新的火灾，火灾直接威胁了皇家宫殿。次年，哥本哈根又有大约950座精致的建筑被烧毁。

尽管有许多火灾，哥本哈根至今仍保留有大约700座古典建筑，其中许多坐落于政府建筑周围及市内风景秀丽的地方。

圆塔·皇宫·花园堡

建于1642年的圆塔是克里斯蒂安四世的一项伟大成就。在35米高的塔上，一条209米长的螺旋斜坡代替了楼梯通向一个画廊，在那里可以一览哥本哈根美丽的屋顶。1716年，俄国王室访问时，皇后凯瑟琳乘坐着马车，由彼得大帝骑在前面的马上，成功地从这个狭窄的螺旋形斜坡通过，此壮举以后再没有人尝试过。圆塔最终成为一个天文观测站。在晴朗的夜晚，可以使用塔楼上的大型望远镜观测星空。

罗森堡宫作为皇家的宫殿无疑是哥本哈根的一颗明珠，这座宫殿建于17世纪初叶，最初是由著名的克里斯蒂安四世建造的。这座宫殿经过华丽的装饰，许多房间又经过子孙们精细的加工，配上了富有灵感的意大利和中国装饰品。这些装饰着灰泥顶、挂毯、巴洛克风格饰品的房间及其珍贵的家具，都是一个时代非凡的艺术品位和卓越的手工艺技能的见证。最后一个住在罗森堡宫的国王是克里斯蒂安七世，他于1801年英国攻打哥本哈根时搬入这里。从1833年起，罗森堡宫作为一个博物馆开放，这里的珍贵

今天的罗森堡宫成了王室成员存放私人财宝的储藏室，特别是那些珍贵的王权标志物。

收藏品逐年增加。这座宫殿博物馆有许多引人入胜的地方，除了国库里的王冠宝石和其他存放在地下室的宝石之外，还有一个宴会厅，里面摆有历代用于加冕典礼的象牙宝座。罗森堡宫还有一个可爱的公园，园里成千上万朵鲜花从早春就开始点缀着整座宫殿。

阿美琳堡处原来坐落着一座小花园城堡，是由国王腓特烈三世的皇后阿美琳建造的。1689年，小花园城堡悲剧性地毁于一场火灾，当时正在观看戏剧的180人丧生火海。18世纪50年代，阿美琳堡宫殿按照洛可可风格重建。最初宫殿供贵族居住，1794年后丹麦王室决定搬入这里。如今的玛格丽特女王和亨利克王子就住在这里面向东南、

名为"克里斯蒂安四世"的厅室里。每天，王室卫队跟随音乐从罗森堡宫行进，中午在阿美琳堡宫殿广场进行卫兵交接仪式。而在王室成员外出时，交接仪式一般只有12～15人在没有音乐的情况下行进。在某些特殊的喜庆场合，交接仪式中的卫兵都身穿红色制服。阿美琳堡广场的中央矗立着国王腓特烈一世的骑马雕像，它被誉为世界最为杰出的骑马雕像之一。法国雕塑家萨里花费了18年的时间，才于1771年使这一杰作在广场上露面。宫殿的后面是一个新的花园，建于1983年，由比利时建筑师设计。夏天的夜晚，在喷泉的映照下，从海港的航道上可以眺望整个美不胜收的阿美琳堡。

阿美琳堡宫殿广场中的皇家鼓乐队表演

在哥本哈根入海口，矗立着丹麦最著名的小美人鱼雕像。这座雕像已经世界驰名，并且成为哥本哈根甚至整个丹麦的标志。

忘忧宫 · *Sans Souci Palace* · 德国

位置	德国波茨坦市北郊
年代	兴建于1744年
特别点评	融合晚期巴洛克和洛可可建筑风格的代表性宫殿建筑

忘忧宫苦乐史

忘忧宫这座美丽的宫殿与德国近代战火不断的历史，构成极为鲜明的对比。18世纪末以前，德国既不是帝国，也不是主权统一的国家，而是一个由350个诸侯国和上千个小领地构成的区域。当时有两个较有实力的政权：一个是奥地利的哈布斯堡王朝，另一个就是普鲁士的布兰登堡王朝。普鲁士凭借强大的军事实力吞并了不少小邦国。18世纪，著名的腓特烈二世登上了历史舞台，一向喜于宴乐奢靡生活的他不但从欧洲各地召集了一流的建筑师来装饰波茨坦旧有的宫殿，还于1744年动工兴建忘忧宫。这座融合晚期巴洛克和洛可可建筑风格的宫殿，建成之后果真成为腓特烈二世的忘忧乐园。忘忧宫举办过无数场豪饮欢宴，后来又幸运地躲过了两次世界大战的猛烈轰炸；如今，它以精美无比的建筑形式在德国艺术史上占据一席之地。

忘忧宫不仅具有极高的艺术价值，更忠实地反映了普鲁士皇族的生活面貌。

双重风格

1744年，腓特烈二世在城门外俗称"荒野山"的地区遍植葡萄，并命令建筑师克诺伯斯多夫依照他的蓝图规划，在这里建造了占地293万平方米的避暑夏宫——忘忧宫。在腓特烈二世的梦想里，忘忧宫应该是隐秘的私人居所，而不只是豪华的宫殿。由于建筑师克诺伯斯多夫曾到意大利旅行，并接触过法国当时的前卫建筑师，因此，他以一种混合晚期巴洛克式和洛可可式的建筑风格修建宫殿内外，使忘忧宫成为德国境内独具双重风格的建筑群。

大殿·园林·新皇宫

忘忧宫大殿是一座黄色的巴洛克式宫殿。在启蒙主义的影响下，这座大殿并不强调皇家特有的豪华气派，在规模及面积上都比一般大殿小巧许多。大殿西侧及内部以轻快的洛可可风格装饰，虽然由建筑师克诺伯斯多夫主持设计，但宫殿几乎全在腓特烈二世的监督下完成，因此这种风格也被称为"腓特烈式的洛可可"。由大殿正面进入后，是一道狭窄的长廊，第二次世界大战前悬挂了许多法国洛可可画派画家的作品。大殿中央有一座分隔东西翼的圆顶大理石厅，是腓特烈二世宴客的地方。此外，殿内还

忘忧宫前的罗马式喷水池

有12个房间，都相当优雅舒适，也都各具不同用途。众多的房间中包括一间音乐室，据说这位热爱音乐的皇帝，曾在此创作了4首交响曲和120首横笛奏鸣曲。

忘忧宫前是一片铺有132级台阶的葡萄园，再往前是一个中央喷水池和巴洛克风格的花园。穿过中央喷水池前面的大道往左是荷花园，这里有一座建于1755年的艺廊。艺廊是德国第一座以博物馆概念兴建的建筑，以展示腓特烈二世的收藏品为主。除了宫殿前的花园，忘忧宫里还有许多独立的花园，其中以威廉六世为纪念腓特烈二世而建的日耳曼花园和西西里花园最著名。日耳曼花园内植满了高大的针叶树，感觉既幽静又神秘；西西里花园则以棕榈树、龙舌兰和艳丽的花朵展示出一片南意大利风情。18世纪的普鲁士曾刮起一阵中国风，内藏中国陶瓷的中国茶亭就是这一时期的产物。这座六角凉亭，采用中国传统的碧绿筒瓦、金黄色柱、伞状盖顶、落地圆柱结构，亭内桌椅完全模仿东方式样制造，亭前矗立着中国式香鼎。19世纪初期，忘忧宫花园

又多了几座新古典主义式建筑，包括由柏林著名建筑师申克尔细心设计的夏洛滕霍夫宫和罗马浴池，以及作为腓特烈六世和皇后安息之地的和平教堂等。这些建筑不论是结构还是内部陈设都十分可观。

新皇宫是一座红色的巴洛克式皇宫，中央顶端有座巨大的圆顶，内部共有四间庞大的宴客大厅，以大量贝壳、珊瑚、玻璃作装饰，甚至还用上了珍贵的珠宝和化石。宴客大厅两侧是豪华的待客大厅，里面挂满珍贵的画作。新皇宫里还有一间贝壳屋，曾经种满了奇花异草。从腓特烈二世到20世纪初，这里都是德国皇帝的住所。

有中国特色的茶亭

新天鹅石宫 · *Neuschwanstein Schloss* · 德国

位置	德国巴伐利亚州南部小城富森近郊群峰中的一座小山峰上
年代	建于1869~1886年
特别点评	充分体现新罗马建筑风格，并模仿德国中世纪的骑士城堡，被誉为"童话城堡"

站在新天鹅石宫的阳台上眺望远处，映入眼帘的是美丽迷人的巴伐利亚乡间景色，左边是清澈的阿尔卑斯湖，右边则是较小的天鹅湖。

国王的梦

新天鹅石宫，也叫"新天鹅堡"，是巴伐利亚国王路德维希二世在位时兴建

云来雾去，新天鹅石宫高低错落的塔尖在树林间时隐时现。

的。这位国王酷爱天鹅，他在宫内的起居室中放置了一个实物大小的白色瓷天鹅，使这座古堡更加名副其实。自从结识了音乐家瓦格纳，路德维希二世的后半生便生活在瓦格纳那充满童话境界的歌剧里。路德维希二世一生梦想着自己的王国能像瓦格纳歌剧所表现的那样，无比强大和辉煌。然而事实并不使他乐观，东普鲁士和哈

布斯堡王朝远远比他的巴伐利亚王国强大。因而，这位年轻的国王只能将梦想付诸于他充满诗情画意的城堡建设上。他修建了许多城堡，其中最美丽的当属新天鹅石宫。路德维希修建新天鹅石宫的本意是为了献给他最钟爱的瓦格纳，然而，由于时局的动荡，老天甚至没有给国王机会看到新天鹅石宫的完全竣工。

童话城堡

新天鹅石宫的建筑草稿最初并不是由建筑师设计的，而是由剧院的画家和舞台设计者创作的，因此新天鹅石宫具有非同一般的童话气氛。据说在城堡基本完工后，路德维希二世便以他的好友瓦格纳所创作的音乐剧《天鹅骑士》为灵感，将城堡命名为"新天鹅石宫"。冬天的新天鹅石宫，别有一种美丽，四周白雪皑皑，山谷里一片寂静，城堡在蓝天之下耸立于阿尔卑斯山雪峰之间，冷艳动人，宛如童话中的城堡，一处远离尘嚣的人间仙境。

宫殿·大厅·旧宫堡

新天鹅石宫的国王宫殿金碧辉煌。地上铺着马赛克地板，并绘有如地球形状的椭圆，圆内是动物和植物的图案。宫殿的圆顶象征着不停移动的星空。殿内悬有巨型吊灯，由金色的黄铜所制造的枝状灯架尖锐的形状好似拜占庭国王的王冠。吊灯以铁制的链条和可移动的滑轮安装在大堂的顶端。链条和滑轮可以用来升降灯架，以便清洁或替换旧的夜间照明设备。吊灯上还镶嵌有象牙和玻璃的灯座，可以插96根蜡烛。

石宫中昔日的歌者大厅如今只剩下舞台和座椅。唯一不变的是四处可见的、出自瓦格纳歌剧的场景壁画。大厅内部和外部的壁画是《尼伯龙根之歌》和《帕西法尔》。这些壁画都是用了很长时间才绘制成的，让人不禁感叹艺术家的苦心和匠人技艺的精湛。

从新天鹅石宫的阳台远眺，可以看见一座黄色宫堡，我们称它为"旧天鹅石宫"，那里是路德维希二世早年度过他大部分时间及后来登基的地方。旧天鹅石宫里保留了大量路德维希二世国王的遗物，但宫殿设计与新天鹅石宫相比逊色了许多。从位于德国和奥地利边界的阿尔卑斯山，沿着树木繁茂的小山丘经过阿尔卑斯湖之后，在旧天鹅石宫城堡与阿尔卑斯湖间，是中世纪由古罗马人所建造的一条重要贸易路线，这是当时由德国前往罗马的通路。

石宫依傍清澈透明的天鹅湖。

新天鹅石宫点缀于阿尔卑斯群山之间，仿佛一场未能实现的王权梦境，古老悠长，超凡脱俗。

卢浮宫 · *Palais of the Louvre* · 法国

位置 ｜ 法国巴黎塞纳河右岸
年代 ｜ 始建于1546年
特别点评 ｜ 收藏了人类艺术古代部分的精华，有"人类文明发展的总索引"之誉

"金字塔"式入口改变了卢浮宫几百年历史发展过程中建筑群一直比较分散的弊端，参观者可以从这里直接去自己喜欢的展厅。

历史溯源

中世纪时，卢浮宫所在地是位于塞纳河畔的一座存放王室档案和珍宝的城堡。14世纪时，查理五世对城堡加以扩建，并作为王室行宫。1546年，弗朗索瓦一世想在此建造一座文艺复兴式的宫殿，遂下令将原有的建筑拆除，着手兴建卢浮宫。在卢浮宫破土动工的第二年，弗朗索瓦一世便去世了，以后历代王朝相继不断地加以扩建。1654年卢浮宫北翼的建筑工作基本完成，并初步形成了今天这样的方形庭院轮廓。到路易十四时，卢浮宫的东面又修起了古朴典雅、庄重肃穆的柱廊。1682年，路易十四将王宫迁至凡尔赛宫，卢浮宫的修建工程也暂时搁置。1789年，法国人民集体到凡尔赛向国王请愿，迫使王室重返巴黎。1793年，卢浮宫作为博物馆正式对外开放。19世纪初，拿破仑一世再次下令扩建卢浮宫，将其北端向西延伸，并另建一条与亨利四世的大画廊平行的长廊。这项工程耗费了大量的时间和金钱，直到1857年拿破仑三世执政后第五年方告竣工。

建筑与艺术的完美结合

卢浮宫博物馆闻名天下，不仅在于其丰富、珍贵的文物展品，也在于博物馆本身便是一部杰出的艺术品。卢浮宫博物馆包括庭院在内占地19万平方米，自东向西横卧在塞纳河右岸，整个建筑古朴端庄，精致典雅。值得一提的是，在卢浮宫的拿破仑庭院内，一座21米高的玻璃金字塔拔地而起，这就是由著名的美籍华裔建筑师贝聿铭为博物馆设计的新入口。这座"金字塔"设计别致、简洁、明快，极富现代感，为卢浮宫博物馆，也为巴黎市增加了耀眼的光彩。而卢浮宫内，用来展示珍品的数百个宽敞的大厅富丽堂皇，大厅的四壁及顶部都有精美的壁画及精致的浮雕，令人叹为观止。如今博物馆收藏目录上记载的艺术品数量已达40万件，分为许多的门类品种，有古代埃及、希腊、埃特鲁里亚、罗马以及东方各国的艺术品，有中世纪到现代的雕塑作品，还有数量惊人的王室珍玩以及绘画精品等。迄今为止，卢浮宫已成

为世界著名的艺术殿堂。

绘画部·艺术部·"三宝"

卢浮宫绘画部集中了文艺复兴时期著名画家的名作：拉斐尔的《园丁圣母》、韦罗内塞的《迦拿的婚宴》、提香的《田园合奏》等等。19世纪时的法国是能和16世纪的意大利相媲美的世界艺术中心，绘画部集中了当时的珍品，如大卫的《荷拉斯兄弟的宣誓》、《拿破仑加冕式》，安格尔的《大宫女》，席里柯的《美杜萨之筏》及德拉克罗瓦的标志性作品《自由领导人民》等。绘画部还展出了众多欧洲其他国家的绘画作品，确实堪称美术绘画作品的宝库。

卢浮宫艺术部分为各个艺术馆。古希腊与古罗马艺术馆建成的时间最早，大约在1800年开始向公众展出，其藏品最多，大约有7000件，以法国王室的收藏品为基础。古埃及艺术馆建立于1826年，共有23个展厅，收藏珍贵文物达350件。这些文物包括古代尼罗河西岸居民使用的服饰、装饰物、玩具、乐器等。馆中还有古埃及神庙的断墙、基门、木乃伊和公元前2600年的人头塑像等。东方艺术馆建于1881年，共有24个展厅，3500件展品。这些展品主要来自西亚，包括叙利亚、黎巴嫩、巴基斯坦、伊朗等国。这些展品均出自十分久远的年代，如公元前2500年的雕像、公元前2270年的石刻、公元前2000年烧制的泥像等。

每年有500多万人拜访卢浮宫，最不能错过的自然是"卢浮三宝"：《蒙娜丽莎》、《胜利女神》、《米罗的维纳斯》，它

卢浮宫阿波罗画廊

卢浮宫的工艺品收藏馆

们都是备受世人赞美的不朽作品。《蒙娜丽莎》被放置在卢浮宫二楼中间的一个大厅中，由玻璃罩着，显然受到特别的保护。玻璃罩周围射出柔和的灯光，足以使观众看清画面的各个细节。这幅画曾经被窃走，后又追索回来，其失而复得的传奇经历也令它更加珍贵。《胜利女神》创作于公元前3世纪，高3.28米，是一尊站在石墩上无头无手的雕像，1863年从萨姆特拉斯岛的神庙废墟中被发掘出来。女神虽然残缺不全，但在人们的眼里她仍是完美的。现在，《胜利女神》每天受到成千上万人的瞻仰。《米罗的维纳斯》对于人们来说更加熟悉了，她身高2.02米，创作于公元2世纪，被认为是表现女性美的最杰出的作品。维纳斯雕像半裸着身躯，端庄而自然，不知倾倒了多少后人，她的周围每天都挤满了观众。

达·芬奇名作《蒙娜丽莎》

凡尔赛宫 · *Palace and Park of Versailles* · 法国

位置 | 法国巴黎西南郊凡尔赛镇
年代 | 始建于1624年
特别点评 | 欧洲最豪华的巴洛克式宫殿建筑，西方古典主义建筑的代表作

历史上的凡尔赛宫

凡尔赛宫不仅是驰名世界的法国王宫，还是西欧最豪华气派的宫殿。1624年，路易十三在现在凡尔赛宫所处的地方修筑了供皇家狩猎用的城堡，后来，这个小城堡成了他的私人宅邸。1661年，路易十四决定对父亲的城堡进行一次改建，就是从这时开始，凡尔赛开始了它不凡的权威之路。1783年1月20日，英美停战后，在凡尔赛宫签下承认美国独立的条约；1871年德国皇帝威廉一世在凡尔赛宫镜厅宣布成立德意志帝国，举行加冕典礼；1919年6月28日，第一次世界大战的协约国与战败的德国在镜厅签下《凡尔赛和约》，结束第一次世界大战；二战后期，盟军指挥部设在凡尔赛宫。这座世界闻名的宫殿经历了近三个半世纪的曲曲折折，差一点遭拆毁，但最终还是保存了下来，并在法国各界人士的齐心协力下，正渐渐恢复它往日的辉煌与华贵。

凡尔赛宫是早期古典主义建筑的代表，建筑造型大气严谨。

王宫风采

凡尔赛宫于1689年全部竣工，至今已有300多年历史。宫殿是一座巴洛克式的四层大理石建筑，中间为主殿，南北两翼是王子及亲王居所和行政官员办公室，以及教堂和剧院等建筑，规模、气势均冠绝一时。来到凡尔赛的人，站在远处遥望，立刻就会被凡尔赛宫气宇轩昂的外观所震慑。三条放射状的马路在宫前半圆形的大广场上汇拢；镶着金色国王徽记的宫门正对着广场中央路易十四的马上铜像；后方缓升的小坡上，是华美的王宫庭院。这座17世纪欧洲最辉煌、华丽的宫殿是法国国力和王权发展至极的杰作，其法式花园宫殿造型和以几何线条为基础的美学观念，成为当时各国王室竞相模仿的典范。

凡尔赛宫前的水池点缀着各种雕像。

凡尔赛宫御花园的规模在世界皇家园林中首屈一指，其规划设计和造园艺术被现在的欧洲各国所效法。

镜厅·配殿·御花园

凡尔赛宫整个建筑由层层叠叠的宫殿构成，每个宫殿都会聚了无数艺术家和建筑师的心血，

镜厅拥有由578块当时欧洲最大的镜子拼成的17面镜墙，是凡尔赛宫里最富丽堂皇的地方。

其中镜厅最为突出。镜厅室内用乳白和浅紫的大理石贴面，廊柱则用绿色大理石贴面，再加上镀金的壁饰，尤显华贵富丽。在长廊上，人们可以看到17扇拱形巨窗面朝花园而开，而17面落地镜又与巨窗相对而立，这样一来，窗外的阴晴雨雪、春花秋月、蓝天白云，全都融进了镜子的景致里。

位于凡尔赛主宫殿正面楼上、面朝大理石广场的房间是国王私人内殿。这里是国王的私人领域，每天由亲信贵族以及侍从随时陪伴左右，照顾起居。在主楼的楼下是专为皇太子和公主准备的配殿，主要由太子寝宫、王子书房以及公主寝宫组成，装饰风格没有楼上奢华、铺张，而是突出生活与教育功能。王后配殿是凡尔赛宫整个建筑中色彩比较温和的部分，跟对面国务配殿渲染张狂的色彩形成鲜明对比。这

组建筑大量使用丝缎装饰，追求一种儒雅的情调，表现了宫中生活的另一面。

凡尔赛宫的御花园位于宫殿西侧，总面积达80平方千米，在现有世界皇家园林中首屈一指。御花园内以对称的几何线条排列着林木、笔直的河渠、高大的喷泉塑像等，这种设计在当时是首创之举，开启了法国式庭园的典型。御花园南半部是规则的绣花形花坛；最南部地面下降约50米，是一处橘园，有对称的水池和盆栽大树。御花园北半部也有花形花坛和树林；最北端是面积2万平方米的大水池和海神喷泉。御花园西侧的小园林以几何图形的道路分为12块林地，每块林地中有不同的小路、水池、岩洞、喷泉和亭台。小园林再向西即进入大园林，这里全是高大的乔木林，树木郁郁葱葱。

枫丹白露宫 · *Palace of Fontainebleau* · 法国

位置	法国巴黎东南方约60千米的塞纳河左岸
年代	12世纪初起建
特别点评	结合文艺复兴艺术风格与中世纪传统的建筑巨作,法国著名皇家园林之一

这块占地十分辽阔的枫丹白露宫随着历代帝王的继位,历经了600多年兴衰交替的岁月。

黛安娜庭院中的喷泉雕像——狩猎女神黛安娜和她的猎犬

漫长的修建史

根据法国文献记载,枫丹白露宫的历史可追溯至12世纪的卡佩王朝。当时的君王路易六世因喜爱狩猎,于是在塞纳河畔修筑了一个城堡。1169年,路易七世在其父所建的城堡中增建了一座礼拜堂,成为枫丹白露宫扩建的开端。1259年,路易九世继续前任帝王的扩建工作,还在此地为三一教派的僧侣们修建大修道院。自此开始,法国皇室便时常光临枫丹白露宫,在附近的森林中狩猎。为了解决休息住宿问题,皇室在林中增建了许多度假小屋,这为枫丹白露宫打造出了雏形。法兰西斯一世时期,出生于巴黎的文艺复兴派建筑家布雷顿首先得到法兰西斯一世的任命,设计出新颖典雅的枫丹白露宫。路易十四继位后,枫丹白露宫成为法国文艺复兴风格建筑聚集之地。1589年继位的国王亨利四世为了整修枫丹白露宫,也投入了庞大的修筑经费。整修之后的枫丹白露宫比以前更富丽堂皇、气派非凡。法国大革命时期,枫丹白露宫遭到一定程度的损毁,宫殿中收藏的珍奇宝物、名贵家具全都被掠夺一空。拿破仑即位后,在此地大兴土木,枫丹白露宫才得以重现昔日光彩。但随着拿破仑的退位,枫丹白露宫终于在法国历史舞台上隐退了。虽然如此,这座活跃了600多年的宫殿,却因其壮观而多元化的建筑风格以及数量巨大的无价艺术珍品，成为法国一处文明遗产重地。

"枫丹白露派"

为了让宫殿内景能与华丽典雅的外观风格趋于一致，1530年，布雷顿聘请佛罗伦萨知名画家高凡尼·贝蒂斯塔·罗苏负责宫殿内部装潢。1532年，罗苏又邀请了一大批艺术家共同进行此工程，这批各有专长的艺术家以雕塑或壁画的形式，为枫丹白露宫留下了许多具有浓郁文艺复兴风格的艺术极品。后来以这群艺术家为核心，发展出"第一枫丹白露派"。同法兰西斯一世的做法一样，亨利四世在进行宫殿内部的装潢施工时，也从法国各地聘请了许多著名的画家及雕刻家前来创作。这些艺术家让宫殿内外的气势变得更为宏大。后来他们形成了"第二枫丹白露派"。"枫

1531年，布雷顿在宫殿中增建了一条堪称杰作的法兰西斯一世回廊。

丹白露派"的艺术家们为法国乃至世界艺术史留下了无数精彩的作品。

广场·回廊·庭院

走入枫丹白露宫大门，首先映入眼帘的是宽敞静穆的庭院，左右方向排列着白墙蓝顶的建筑。继续前行，马蹄形阶梯环抱着法兰西斯一世重修的白马广场。广场除了体现当时的建筑艺术特色外，也是通往宫殿内的过廊入口。"白马广场"一名源自于凯瑟琳·冯·梅迪奇时期铸造的一匹白马，这尊铸像后来被士兵用长矛破坏，并于1626年被封存。1814年4月20日，拿破仑在这里心情沉重地走下马蹄形台阶，吻别他的将士与军旗，登上了流放厄尔巴岛的旅程。所以，

白马广场又称"告别庭"。

枫丹白露宫内细木护壁、石膏浮雕和壁画相结合的装饰艺术，形成了枫丹白露宫内部独特的装饰风格。著名的法兰西斯一世回廊就是典型的一例。此回廊主要是连接皇家起居室和三一教堂的通道，浮雕烘托着一幅幅带有文艺复兴风格的精美壁画，使空间显得既辉煌又典雅。

黛安娜庭院位于枫丹白露宫西北方，因其花园内矗立着黛安娜女神像而得名。进入花园，只见松柏苍翠，曲径通幽。一大片草地包围着一个小巧精致的喷水池，喷水池的中央是狩猎女神黛安娜的雕像，四条雕琢传神的猎狗蹲在神像脚下四周，水从猎狗的身下喷出，这一设计使整组喷泉雕像谐趣倍增，每个参观者看到这组雕像都忍俊不禁。

白马广场长152米，宽112米，两座灰色的台阶对称地蜿蜒而上，这就是很有名的马蹄形台阶。

申布伦宫 · *Schonbrunn Palace* · 奥地利

位置	奥地利维也纳附近山区
年代	始建于1696年
特别点评	奥地利境内最辉煌的一座巴洛克风格建筑

申布伦宫是哈布斯堡王朝自公元18世纪至1918年期间的皇宫。

美泉之宫

多瑙河南岸到维也纳森林之间，自然条件优越，传说这里原是一片有清泉滋润的开阔绿地。相传，马蒂亚斯皇帝狩猎至此，饮一泉水，心神为之畅爽，遂称此泉为"美丽泉"。1696年，烈奥波特一世皇帝委派当时奥地利最著名的建筑师费舍·埃尔拉赫在美丽泉周围建造了一座皇帝的游乐宫，作为皇太子约瑟夫的夏季行宫。依据埃尔拉赫的设计，这座宫殿的规模和豪华程度与法

申布伦宫内部装饰华丽，有许多精美雕刻。

国的凡尔赛宫相比，有过之而无不及。因为宫殿在"美丽泉"处建盖，遂也称"美泉宫"。1743年，玛丽亚·特蕾西亚女皇把这所游乐宫改建成夏宫。这座宏伟典雅的宫殿是维也纳最迷人的杰作，其建筑之壮丽、艺术收藏之丰富令人叹为观止。

女王的夏宫

1743年，申布伦宫成为女皇城堡后不断得到装修、改造，并装饰了壁画等艺术品，花园也得到扩建。现在的申布伦宫面积仅次于法国凡尔赛宫，也是一座富丽堂皇的巴洛克式建筑。整座建筑分为上下两层，同时又拥有一个举行仪式用的庭院和一个大的前庭。宫殿上层是

帝王办公、迎宾和举行盛大活动的地方，下层作为起居和膳宿所用。宫内有1441个房间，其中44间是纤巧华美的洛可可风格，优雅别致。宫内还有哈布斯堡王朝历代帝王宴请欧洲皇室贵族的豪华餐厅和舞厅。宫殿长廊挂满哈布斯堡王朝历代皇帝的肖像和特蕾西亚女皇及其所生16个儿女的肖像画。宫殿各房间和回廊拐角处还装置有各式各样的火炉，其中俄式大火炉的造型尤为奇特。

花园·廊馆·东方韵味

申布伦宫后面是一座巴洛克式大花园，这座占地2万平方米的花园是欧洲典型的法式园林。在碎石子铺成的平地上，是一片格局优雅、精雕细琢的花坛和

草坪。花园两边高大的树木被剪成一面绿墙，绿墙里是44座古希腊神话故事中的人物塑像。在花园的尽头有一座1780年修建的喷泉，名为"海神喷泉"。海神喷泉水池的中央，是一组根据希腊海神故事塑造的雕像。在海神喷泉的东边是赫赫有名的"美丽泉"。从海神喷泉处沿着"之"字形土路走上丘陵，便是申布伦宫的最高点——凯旋门，这是为了纪念特蕾西亚女皇1757年战胜普鲁士的弗利德里希大帝军队而建的。在这里，可以把申布伦宫壮丽的景观尽收眼底。在海神喷泉的西侧，还有全世界最古老的动物园，它落成于1757。1883年，人们又在动物园旁边建造了一座欧洲最大的温室，种植有热带地区的奇花异草。

宫内的御车陈列馆原为冬季骑术学校。

美泉宫曾是希茜公主（奥匈帝国皇后）的居住地。

申布伦宫内的奥地利画廊里珍藏着中世纪至现代的绘画和雕塑名作，是奥地利的宫廷美术博物馆。宫殿内还有一处著名景观——珍宝馆，这里存放着历代帝王的华丽服饰、传神的画像和光彩夺目的珠宝；其中一顶镶嵌着各色宝石和珍珠的王冠，是哈布斯堡王朝统治的象征。

在申布伦宫修建、改造为女皇城堡期间，正值中国风流传到欧洲宫廷。特蕾西亚女皇也深深爱上了来自遥远中国的文化，甚至曾和亲友一起在金碧辉煌的宫廷里观看中国戏。在女皇华丽的宫中还有许多东方古典式建筑，如嵌镶紫檀、黑檀、象牙的中国式房间和用泥金、涂漆装饰的日本式房间。女皇不惜耗费巨资，用许多珍贵的东方艺术品来布置自己心爱的宫殿。宫殿内到处可见中国古典艺术的痕迹：房间的四壁和天花板上镶嵌着陶器；在琳琅满目的陶器、瓷器摆设中，有中国青瓷、明朝万历彩瓷大盘和描花瓷瓶等。

宫殿花园尽头的凯旋门是哈布斯堡王朝的象征。

阿尔罕布拉宫 · *Alhambra Palace* · 西班牙

位置 ｜ 西班牙格拉纳达市东的山丘上

年代 ｜ 始建于13世纪

特别点评 ｜ 不仅是伊斯兰教艺术开在西班牙最灿烂的花朵，更是世界建筑史上的奇葩

阿尔罕布拉宫的阿拉伯语意为"红堡"，是中世纪摩尔人统治者在西班牙建立的格拉纳达王国的宫殿。

凄美之宫

13世纪建造阿尔罕布拉宫时，摩尔人（北非穆斯林）在西班牙的统治已经岌岌可危。所以阿尔罕布拉宫的整体风格缺乏那种在罗马建筑中常见到的霸气；相反，整个建筑给人以一种"夕阳无限好，只是近黄昏"的凄美感受。统治那斯里德王朝的摩尔人不思进取，耽于享乐，在宫中营造出一种歌舞升平的气氛，对外则委曲求全以换苟安，这些也都深刻地反映在宫内的装饰和布局里。然而文明的没落始终无可挽回，整个伊斯兰世界在受到内部纷争、东征十字军和蒙古铁骑的三重打击下一蹶不振，彻底失去了曾有的辉煌。尽管摩尔人在格拉纳达又喘息了百余年，最终还是被西班牙的天主教徒赶回了北非摩洛哥大漠，阿尔罕布拉宫也随之荒废。1828年在西班牙国王斐迪南七世资助下，经建筑师何塞·孔特雷拉斯与其后代的长期修缮，阿尔罕布拉宫重新恢复了原有风貌。19世纪西班牙最伟大的吉他演奏家和作曲家塔尔雷加曾来到格拉纳达，当他看到夕阳下苍茫、悲凉而又神秘的阿尔罕布拉宫，顿感命运的起伏，思绪难平，遂创作了不朽名曲《阿尔罕布拉宫的回忆》。该曲凄婉迷离的音调仿佛历史老人在满怀沧桑地回顾阿尔罕布拉宫昔日的如金岁月。它不仅为塔尔雷加赢得了世界声誉，使他被尊为近代吉他之父，也让阿尔罕布拉宫的名气随着优美的旋律飘向世界各个角落。

梦幻世界

阿尔罕布拉宫没有光辉夺目的宏伟厅堂，但却以格局幽深、起伏多变的庭院设计闻名。狭小的径道曲曲折折，通向每一个或华丽精巧或幽静雅致的庭院，将各处庭院串联起来。穿堂

而入，无法预知的空间形态使人如在畅游梦幻世界，仿佛可以顺着水流和径道飘向宫殿的任何一方。而赋予整个阿尔罕布拉宫灵性的则是水。摩尔人来自干旱的撒哈拉沙漠，水是阿拉伯文化的冥想之源，是生命的象征。阿尔罕布拉宫通过建成于中世纪的古老管道，把雪水从内华达雪山引下来，流遍整个阿尔罕布拉宫。在精确的水压落差原理的计算下，从纯白大理石地面向上喷出了高度只没过脚面的、悄悄跃出的神奇水柱，显示着生命的灵动。宫殿中安静下来的水则构成了大大小小的水塘和浴池，连接着阿尔罕布拉宫的每个角落，因此，宫内随处可见水池、喷泉。水的倒影使阿尔罕布拉宫的美景一律被"复制"，白色大理石上的美景和水中倒影一样令人难以忘怀。对水的巧妙运用，使得阿尔罕布拉宫处

狮子宫中的狮子雕塑

处浮现出一种妖媚灵动：池水中映射的光与影，旖旎神奇，使整个建筑极富内涵，仿佛天方夜谭中描述的阿拉伯神殿。

院·宫·厅

在阿尔罕布拉宫众多庭院中，桃金娘庭院最大，也最漂亮。此庭院南北两厢由无数圆柱构成的走廊柱子上，全是精美无比的图案，工艺极为精细，令人赞叹不已。其圆柱的建筑材料是把珍珠、大理石等磨成粉末，再混入泥土，然后以人工精心堆砌雕琢而成的。

狮子宫是阿尔罕布拉宫中的第二大庭。宫院的地面用彩砖铺砌，四周墙壁镶以半米高的蓝黄两色相间的彩砖，上下还有靛蓝和金黄两色瓷釉的饰边；室内还布满色彩鲜艳的几何形纹饰和阿拉伯文字图案。狮子宫向四方散流的水路间，植有各式

各样的花草。中庭四周围绕着饰满精致雕刻的马蹄形柱廊，柱廊内侧壁面下端镶嵌着色彩富丽的马赛克瓷砖。如此优雅的狮子宫是历代王公贵族们散步和享受阳光、绿意的休闲场所。

狮子宫东面的国王厅是当时统治者的起居空间。大厅中的三个房间由通过拱门投入的光线照亮，其间夹着两个没有光线直射的房间，极富光影变化，是所有建筑中最奢华的部分。国王厅中还装饰着钟乳石状的雕饰，更有在伊斯兰教建筑中难得一见的人物嵌像。由于伊斯兰教禁止崇拜偶像，因此许多人认为，这是天主教徒皈依伊斯兰教后的杰作。

阿尔罕布拉宫出奇的精致与匀称之美，是摩尔人超凡的想象力与艺术创造力的缩影。

阿尔罕布拉宫内景

故宫 · *The Palace Museum* · 中国

位置 | 中国北京城中心

年代 | 始建于1406年

特别点评 | 明清时代中国文明的历史见证，世界上规模最大、保存最完好的皇宫建筑群

故宫是中华民族灿烂文化的象征，1987年被联合国教科文组织列为世界文化遗产。

故宫史话

北京故宫是中国古代建筑最高水平的体现。它始建于明朝永乐四年(1406年)，建成于永乐十八年(1420年)，是明清两朝的皇宫，其时称"紫禁城"，1925年始称"故宫"。从1421年明成祖迁都北京到1911年辛亥革命推翻清政府，结束中国历史上封建王朝的统治，故宫一直是中国统治阶级的政治和文化中心，先后有24位皇帝在此生活。今天的故宫是我国收藏文物最为丰富的博物院。新中国成立后，国家千方百计收集流失文物，使故宫新旧藏品达到百万件，其中包括青铜器、玉器、金银器、陶瓷器、牙竹木雕、丝织刺绣、文房四宝、绘画书法、家具等，代表了中国历史文化艺术的最高水准。

建筑特色

故宫占地面积72万平方米，建筑面积15万平方米，现有建筑980余座。故宫建于北京城的中央，以南北为中轴线，坐北朝南，充分体现了皇权至上的封建统治思想；故宫外是皇城，皇城外又有北京城，城城包围，显示了森严的等级制度。历史上，故宫因火灾和其他原因曾经多次重建，但基本格局没有改变，整个皇宫建筑分为南部前朝和北部后廷两部分。前朝有太和、中和、保和

故宫的四个城角各有一座九梁十八柱七十二条脊的角楼。

三大殿，这三大殿是故宫中最大的建筑物，是封建皇权的象征。后廷以乾清宫、交泰殿、坤宁宫为中心，左右东西六宫为翼，是皇帝、皇后、嫔妃居住的地方。前朝后廷，界限分明，不可随便逾越的森严布局，体现了中国古代传统等级分明、内外有别的伦理观念。中国的建筑匠师们将这座建筑规划得井井有条，利用重重的墙门和庭院把故宫有序地组合成壮丽的建筑群。明清故宫的规划和建筑，不仅继承了中国古代建筑的传统，而且有所发展创新，是中国古代文化和建筑艺术成就集大成者。

太和殿是一座五脊四坡重檐无庑殿式的宏伟建筑，装饰绚丽，金碧辉煌，为我国最大、最壮丽的木结构大殿。

门·殿·宫

午门是宫城的正门。古以北为"子"，南为"午"，午门正处于故宫中轴线之南的向阳位置，是皇帝宫殿的标志。其前有端门、天安门（皇城正门，明代称"承天门"）、大清门（明代称"大明门"），其后有太和门（明代称"奉天门"，后改称"皇极门"，清代改今名）。各门之内，两侧是排列整齐的廊庑。这种以门庑围成广场、层层递进的布局形式深受中国古代"五门三朝"制度的影响，有利于突出皇宫建筑威严肃穆的特点。

故宫的前朝部分有太和、中和、保和三大殿，是皇帝上朝接受朝觐、接见群臣和举行大型典礼的地方。这三座殿宇也是故宫中最高大的建筑物，充分体现着它们非同一般的崇高地位。太和殿为故宫三大殿之首，俗称"金銮殿"，皇帝继位登基、诞辰或重大节日以及出兵征讨、册封皇后、宣布科考和赐宴等活动都在这里举行。中和殿在太和殿之后，皇帝在去太和殿之前，先在此稍作停留，接受内阁大臣和礼部官员行礼，然后进太和殿举行仪式。保和殿初名"谨身殿"，清顺治二年（1645年）改今名，是举行册封大典时皇帝更衣的地方。保和殿于明清两代用途不同，明代大典前皇帝常在此更

太和殿前的铜龟象征着长寿。

日晷大约发明于汉代以前，是利用阳光投影来测定时刻的计时器。

衣；而清代每年除夕、正月十五，皇帝赐外藩、王公及一二品大臣宴，赐额驸之父、有官职家属宴及每科殿试等均于保和殿举行。

乾清宫是内廷正殿，明代的14个皇帝和清代的顺治、康熙两皇帝，都以乾清宫为寝宫。清代顺治、康熙年间，乾清宫与政务关系相当密切，皇帝在这里读书学习、批阅奏章、召见官员、接见外国使节以及举行内廷典礼和家宴。乾清宫其正殿高悬着由清代顺治皇帝御笔亲书的"正大光明"匾。坤宁宫是皇后的寝宫，面阔九间。李自成率农民起义军打进北京时，崇祯皇帝的皇后周氏就是在坤宁宫自缢身亡的。凡是大祭的日子和每月初一、十五，皇帝、皇后都亲自在此祭神；每逢大的庆典，皇后还要在这里举行庆贺礼。

布达拉宫 · *Potala Palace* · 中国

位置	中国西藏拉萨的红山上
年代	始建于公元7世纪
特别点评	世界十大土木石杰出建筑之一，集建筑、绘画、宗教于一体的神宇宫阙

布达拉宫建造史

布达拉宫是昔日历代达赖喇嘛的冬居地，这座无与伦比的宫殿被誉为"世界十大土木石杰出建筑"之一，集中体现了西藏建筑、绘画、宗教的艺术精华。根据《新唐书》记载，公元641年，文成公主和亲西藏，松赞干布一见钟情，乃为公主筑一城以夸后世。这就是布达拉宫的前身。公元8世纪时，这片辉煌的宫殿不幸毁于雷电所引发的"天火"。当时吐蕃王朝已临没落，

王公贵族内讧，民间动乱频仍，布达拉宫的修缮始终无人问津。在经年累月的风蚀雨磨下，宫殿废墟终于荡然无存，只在大昭寺的壁画上留下了宫殿的图形。五世达赖执政后，仿照大昭寺上的壁画，开始依图重修布达拉宫，并于1645~1648年间，在红山东侧修成今日布达拉宫的白宫部分。竣工后，五世达赖即从哲蚌寺移居白宫，从此这里成为了历代喇嘛的冬居处。而位于布达拉宫正

拉萨素有"日光城"之称，布达拉宫在充沛的阳光照耀下显得格外醒目而神圣。

中的红宫，主要在1690~1693年间由第巴·桑结嘉措为纪念圆寂的五世达赖而建。经过几十年的陆续兴建，到17世纪末，布达拉宫大体上修建完毕。

红山上的宫殿

布达拉宫雄踞于海拔3770米的红山上，是世界上海拔最高的宫殿建筑，也是西藏现存最大最完整的古建筑群。依山垒筑的宫殿达13层，高117米，东西绵延360余米，南北宽约3000米，殿宇楼阁近千间，全部为木石结构。布达拉宫主体依据高原地区太阳平行的弧度规律，形成分部合筑、层层套接的建筑形体。山下宫墙与山顶建筑相连，东、西、南面各有一座三层高的门楼，东南与西北各建一座角楼，这种建筑布局是西藏地区的传统特色。布达拉宫内部结构则依照佛教密宗坛城样式设计，同时吸收了中原汉式殿堂建筑中的雕花梁架、斗拱、藻井、金顶等特色。这是因为修筑布达拉宫时，许多内地来的汉族工匠参与设计和施工的结果。

白宫·红宫·壁画

1648年，一座雄伟的宫殿屹立于红山之上，因其通体洁白，被称为"白

宫"。1653年，清皇顺治依罗桑嘉措政教大德，以金册金印册封下"达赖喇嘛"的名号。依照宗喀巴建立的噶鲁派活佛转世制度，罗桑嘉措是宗喀巴弟子根敦朱巴的第五代转世，即为"五世达赖"。自五世达赖后，历世达赖喇嘛的坐床和亲政典礼，都由驻藏大臣在白宫东大殿里主持。东大殿是白宫最大的宫殿，由48根大柱支撑，是布达拉宫最神圣的场所。大殿的神龛上，至今还供奉着清朝顺治皇帝赐给五世达赖的金册金印。从东大殿登上白宫的最高处，便是达赖的寝宫。这里终日阳光普照，故称"日光殿"。殿内到处珠光宝气，陈设豪华，那些金盆、玉碗、绫罗绸缎，令人眼花缭乱。跨出寝宫，便是阳台。凭栏远眺，美丽的拉萨尽收眼底，令人心旷神怡。

红宫位于布达拉宫的中部，历时4年完工。修建红宫时曾聘汉族、蒙古族和尼泊尔的匠师入藏，因此不仅显示了藏族古建筑的优秀传统和独特风格，同时也体现了汉族和尼泊尔的建筑特色。自五世达赖开始，先后有八位达赖喇嘛安息于此，灵塔依次修建，由此形成外部庄严肃穆、内部紧密错落的特点。灵塔殿东侧建有一座与之相配的灵塔享堂，其面积大于著名的白宫东大殿。灵塔殿西边是俗称"红宫

白宫的白色在藏族传统中具有"吉祥"、"和平"的象征意义。

西大殿"的著名殿堂，其内供奉着布达拉宫的佛像精华。红宫从底层到顶层密布着佛殿，主要有释迦百行殿、无量寿佛殿、殊胜三界殿、弥勒佛殿、坛城殿等。

布达拉宫内大小殿堂的墙壁上绘有题材丰富、绚丽多姿的壁画。在红宫中，有一座叫"司西平措"的宫殿，在这座宫殿的二楼画廊上，绘有698幅壁画。这些壁画画面生动，工笔细腻，线条流畅，取材多样，是17世纪西藏画师们的艺术杰作。其中的壁画《修建图》再现了修建布达拉宫的情景，是研究布达拉宫历史的重要材料。还有不少壁画是反映西藏独特风貌的，例如赛马射箭、角力摔跤等。五世达赖觐见顺治皇帝和十三世达赖拜见光绪皇帝的历史性事件，也同样反映在壁画里。在西藏，许多没有文字记载的重大事件，往往在布达拉宫的壁画里有形象的反映。在这个意义上说，布达拉宫的壁画确实是了解和研究西藏社会的宝贵的艺术资料。

坐落于建筑中心的红宫是为昭示五世达赖的功业而建的。

姫路城 · *The City of Himeji-jo* · 日本

位置	日本本州兵库县
年代	始建于1333年
特别点评	日本早年建筑最兴盛时期的杰作，展示了日本的木结构建筑艺术

天然要塞

姫路城位于日本山阳地区的姫山之上、本州平原的中心，自古以来即为交通要道，因此成为争战时期最佳的据守点。姫路城兴建于1333年的"元弘之乱"，因地处交通要冲，当地的豪族赤松则村、贞范父子奉护良亲王之令，将姫山住处建造成四周围有墙垣并开设城门的城寨，成为举兵对抗北条氏镰仓幕府的根据地。自此开始，这里便成为战争时的兵家必争之地。到了群雄割据的战国时代，姫路城的战略地位日益重要，因此赤松政则担任城主时，筑城更加偏重防御功能。其后，丰臣秀吉奉织田信长之命，进驻姫路城，作为侵略中国的根据地；其时兴建了三层楼的天守阁及壕沟、城墙等防御性建筑。德川家康执政的江户幕府时期，德川家康的爱婿池田辉政接管姫路城。这一时期，姫路城进行了大规模修筑工程，除

如今的姫路城不但是日本中世纪城堡最具代表性的古迹，也是当地举行许多传统节庆的场所。

了重修主要建筑天守阁，并与东、西等方向的小天守阁组成联立式格局外，也加修了附近街道，使原来的旧城变为大城。1617年，姫路城又加建了西丸的百间廊与化妆楼，现今姫路城的规模正是于那时奠定的基础。

"平山城"

在争战频繁的战国时代，镰仓幕府时的中国式寺院建筑不再受到重视，代之而起的是具有完整防御措施的城堡式建筑，姫路城即是因为其重要的军事战略地位而兴建的。姫路城经历分崩离析的战国时代到统一的江户幕府时代，逐渐扩大为典型的"平山城"城郭式建筑。它融合了日本中古时代以领主馆舍扩建防御工事的"平城"以及纯粹为战斗

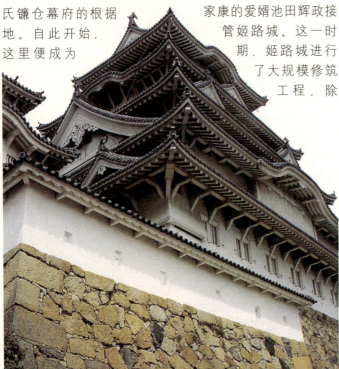

姫路城以木材建成，故屋顶上装饰着巨大而华丽的防火辟邪物。

目的而利用天险所建的"山城"特色，成为有坚固防御设施与宏伟殿阁的大城，使得日本城郭式建筑进入一个崭新时代，形成"安土文化"的代表性建筑之一。

权势的炫耀

姬路城是日本十几座中世纪城堡中最宏大、典雅的一座，象征着昔日的辉煌成就。这座设计精良而坚固的城堡除了具备防御敌人的功能外，同时也有炫耀统治者权势的意味。日本德川幕府时期，每个省份按规定只能建造一座城堡，城堡是各地诸侯，也就是大名与门下家臣及武士的居住地，而城堡的规模壮观与否则完全取决于居住者的财势。由于日本的传统城堡为木造建筑，为防止敌人袭击，整个城堡的布局呈三层螺旋状的迷魂阵式，以天守阁为中心，外有层层的保卫措施。日本传统城堡如此严密的规划设计，使得敌人攻城的困难性大幅增加，也因此，日本古代才会训练出擅长"隐身术"的忍者，以突破重围。

三丸

外观优美的白色飞翘构造使姬路城拥有"白鹭城"的美称。

壕·丸·阁

姬路城最外围环有护城河，称作"外壕"，城里有一人工挖掘的深水池作为"内壕"配合环城的高墙，这构成整个城堡的第一道防卫线。它利用高叠落差的地基、迂回曲折的石墙、方向不一的大门，混淆入侵者的方向感，争取防卫的时间。

城堡中建有易守难攻的圆形迷魂阵墙，罗列在四周，使入侵者不能破门而入；因其形状为圆形，故称"丸"，如本丸、二丸、三丸等。西丸顾名思义即是城西的防御据点，是由一连串的围墙、长廊所围成的区域；沿着长廊有小房间相连，昔日是千姬（德川家康的孙女）侍女的厢房；长廊一直延伸到化妆楼，此楼原为存放千姬的化妆品而建，也是千姬日常生活的休憩场所。属于本丸部分的带郭橹也是据点之一，但因建筑太过密集，造成光线阴暗不明，被误传为审判罪人的刑场，而别称"腹切丸"。

天守阁是日本人在锁国时期自己创造的新式样建筑，其主体里外楼层不尽相同的复杂结构也使敌人入侵时产生错觉和迷惑。大小天守阁主体上都凿有三角形或方形的孔眼，这些特殊的御敌

天守阁窗户的造型多样，有角墙、武者墙、格子墙等不同的形式。

装置都是为了防御敌人攻城，用来放置枪炮的地方；而天守阁两侧较大的开孔则是用来观察城外敌情的。天守阁内部构造十分朴素，地板、窗户、中央梁柱和各小室隔间都是木造的，室内各层包括通道、大厅、房室、仓库，甚至还有古代厕所。天守阁最上层的刑部神社曾于1847年改名"长壁神社"，这里所供奉的刑部大神是很早以前就镇守姬山的神祇，也是当地的主神。丰臣秀吉建姬路城时，曾将此神移至总社，之后的城主池田辉政生病时发生许多灵异之事，所以又被迁回到城中的和三门内供奉。后由于1945年第二次世界大战时发生火灾，神社不得不在遗址上重新修建。

大王宫 · *Grand Palace* · 泰国

位置 | 泰国首都曼谷市中心
年代 | 始建于1782年
特别点评 | 集泰国数百年建筑艺术之大成，被称为"泰国艺术大全"

泰国故宫

泰国大王宫又称"大皇宫"或"故宫"，始建于1782年，是泰国王朝第一至第八世王的王宫。1782年，曼谷王朝拉玛一世登基，并按照郑皇大城王朝皇宫蓝图，于湄南河东重新建造皇宫。1784年，第一座宫殿阿玛林宫建成，拉玛一世即迁入宫内主持政事。以后历代君主集泰国建筑艺术之精华，不断扩建大王宫，内部装饰也日益恢弘华丽，最终使其达到了现在的规模。1946年，拉玛八世在宫中被刺后，拉玛九世就搬到新宫居住，并在大王宫东面新建了集拉达宫，大王宫此后对外开放。

阿玛林宫入口处

大王宫是泰国皇家礼佛和历代国王居住的地方，是泰国历史文化的象征。

建筑形制

大王宫由一组布局错落有致、呈暹罗式风格的建筑群组成，汇集了泰国绘画、雕刻和装饰艺术的精

阿玛林宫

华。宫廷建筑以白色为主，四周筑有高约5米、总长1900米的白色宫墙；主要建筑物阿玛林宫、节基宫、律实宫等几座各具特色的宫殿，从东向西一字排开，一色的绿瓷砖屋脊、紫红琉璃瓦屋顶、凤头飞檐。大王宫内遍布壁画浮雕，珍珠镶嵌，琳琅满目，美不胜收。宫中还收藏有来自中国的各式珍品，如大型彩瓷花瓶、景泰蓝花瓶和文臣武将石雕，以及绘有《三国演义》故事的彩瓷屏风等。

玉佛寺内的黄金佛塔

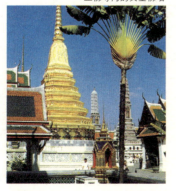

宫殿·佛寺

踏入大王宫的第一道门，展现在眼前的是一块绿草坪，往右走是沙哈泰宫。那里原为国王的私人博物馆，现在是国王和王后接见贵宾的地方。过第二道门，有一座宏伟的三层楼高的建筑物，即大王宫的主殿节基宫，也是国王举行就职大典的地方。节基宫一楼是展览室，展品包括王宫各种珍品宝物；二楼是举行仪式的殿堂，国王庆祝生日或举行授勋等重要仪式都在这里进行。据说，过去的泰王是乘坐大象入宫的，所以宫门都异常高大。在节基宫右方另有一院，院门口有一对张牙舞爪的石狮。院内是大王宫最早建的一座宫殿，1789年遭雷击焚毁，后于原址重建，名为"律实宫"。律实宫的平面呈十字形，可分东、西、南、北、中五殿。其屋顶为重檐多面式木结构，其宫顶部分为四层，层层相叠，中央有一座七层尖塔，高耸蓝天。尖塔基部的四侧，分别饰有四个大力神像，半立半蹲，双手高举，犹如把尖塔高高擎起。该宫有两座大门，门身和门顶的

塔形饰物都被漆成金色，庄严肃穆。现今，殿内放有历代国王、王后及部分王族成员的骨灰。阿玛林宫是泰国历代王朝君主接见臣民的场所，现仍是国王在登基加冕时举行仪式和庆典的地方。阿玛林宫的宫门与众不同，采用了泰式贴金雕漆风格。宫殿不很高，殿顶呈三角形，分三层相叠，层层低垂，从远处看，只见一片金黄色与绿色相间的鱼鳞状琉璃瓦拼成长方形图案的殿顶，这是典型的泰国早期建筑式样。

玉佛寺位于大王宫东北角，是大王宫的组成部分，面积占整个大王宫的1/4，始建于1782年，是泰国最著名的佛寺，也是泰国唯一没有和尚居住的佛寺。该寺供奉的68厘米高的玉佛，价值连城，与曼谷的卧佛、金佛一并被列为泰国三大国宝。玉佛寺各处建筑物或玲珑别透、金玉璀璨，或高耸挺拔、宏伟壮观，几乎集中了泰国各佛寺的特点，体现了泰国古代建筑的艺术特色，被誉为泰国佛教建筑、雕刻、绘画的艺术瑰宝。

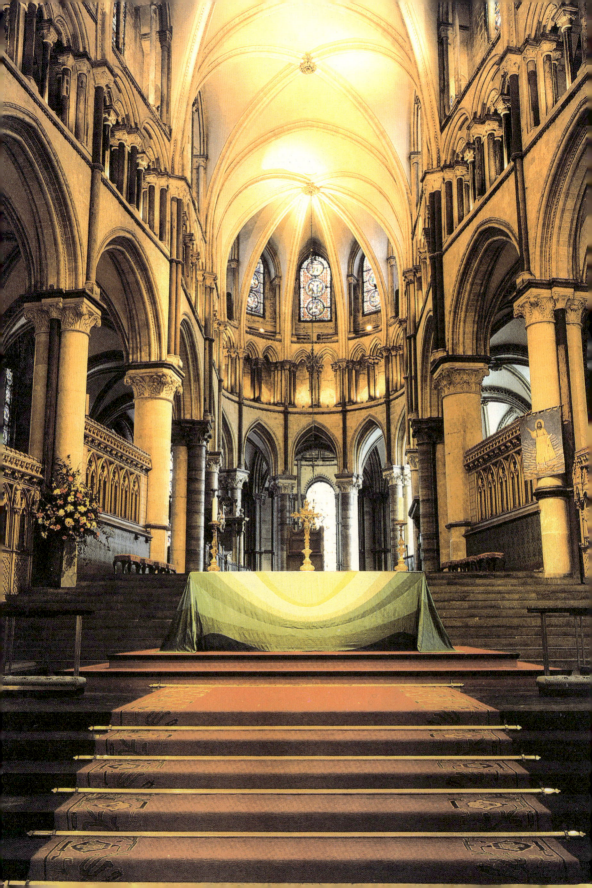

第二章
宗教圣地
Part 2
Holy Land

　　宗教信仰是人类社会一种重要的文化现象。它以各种宗教建筑及宗教艺术为依托，表现出宗教的经典教义和独特的宗教文明。其中与宗教的历史事件相联系的地点便被赋予了尤为神圣的意义而受到信徒的崇拜。

　　科隆大教堂，以轻盈、高耸的特质达到了中世纪欧洲哥特式建筑艺术的巅峰，同时让人感受着基督教浑厚凝重、超然脱俗的氛围；莫高窟，其剥落的壁画承载过唐时风、宋时雨，释迦、弥勒的宽容笑意则跨越时空泽被后世万代……

　　宗教圣地凝聚了如此多的信仰，述说着神圣、荣耀和无尽的寄托。

坎特伯雷教区 · *Canterbury Parish* · 英国

位置	英国东南部的肯特郡
年代	公元6世纪末7世纪初
特别点评	英国300年来大教堂的精神领袖，世界上最伟大的宗教中心之一

坎特伯雷大教堂侧影

基督教义，并由此建造了圣奥古斯丁修道院及坎特伯雷大教堂。12世纪时，英王亨利二世任命他的臣僚兼好友托马斯·贝克特为坎特伯雷大主教。但后者宣称，从此他不再是国王的奴仆，而只听命于罗马教皇。后来亨利二世的4名骑士将贝克特杀死在教堂。事隔3年，贝克特被信徒尊奉为"殉教者圣托马斯"。在此后的几个世纪里，难以计数的朝圣客络绎不绝地涌入坎特伯雷大教堂，朝拜这位圣徒，坎特伯雷也就因此成为英国的"圣城"。

基督教堂大门是坎特伯雷大教堂的主要入口。

中世纪的朝圣地

公元597年，传教士奥古斯丁受教皇的委派，从罗马赴英国传教。他在40名修士的伴随下，来到坎特伯雷。当时的英国国王是个异教徒，但王后信仰基督教。在王后的帮助下，奥古斯丁在这里站稳了脚跟，成为第一位坎特伯雷大主教，并把基督教传播到整个英格兰。期间，奥古斯丁以坎特伯雷的圣马丁教堂为根据地宣扬

圣马丁教堂局部

坎特伯雷文化

　　坎特伯雷造就出不少世界著名的文人。英国民族文学的奠基人乔叟写下了脍炙人口的诗体作品《坎特伯雷故事集》。此外，文艺复兴时期的英国剧作家和诗人马洛就出生在坎特伯雷的一个鞋匠家庭。英国现代著名小说家毛姆曾在此地一所著名的寄宿学校里度过了少年时代。他在长篇小说《人性的枷锁》里就描写了他在坎特伯雷的生活经历。

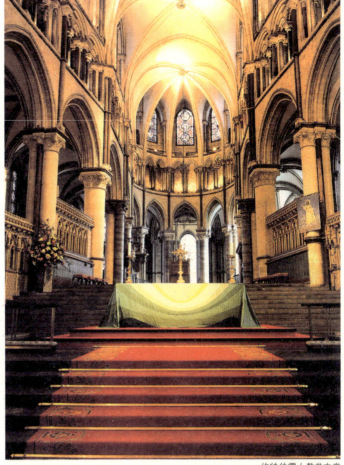
坎特伯雷大教堂中堂

教堂·修道院

　　坎特伯雷大教堂规模恢弘，长约156米，最宽处有50米，中部塔楼高达78米。大教堂内有十字形回廊，其拱顶用825块彩色的拱顶石装饰。奥古斯丁时代的早期建筑已毁于战火。1070年，这座大教堂动工重建，后来又经历了不断的续建和扩建，其中中厅建于1391～1405年，南北耳堂建于1414～1468年，三座塔楼也分别建于不同时期。在位于唱诗席南侧回廊的圣安瑟尔姆祈祷室里，装饰着一幅意义特殊的湿壁画，这幅湿壁画约作于1160年，描绘的是保鲁斯和蛇，是古典湿壁画艺术的重要佐证。大教堂内

还有殉教者的墓室，其中有托马斯·贝克特从前的墓室；墓室内还有王室成员陵墓葬，包括"黑色王子"爱德华的墓、亨利四世和王后约翰娜·冯·纳瓦拉的墓室等。而作为英国最古老的教堂之一的圣马丁教堂，位于城东的山脚下，主要由中厅、圣坛和西部塔楼组成。这座建筑初看起来很普通，但局部的结构却很复杂。详细的勘察和小规模的发掘已表明，这座长方形的建筑物是用罗马时期的材料建成的，这再次印证了教堂始建于罗马时代的推测。圣马丁教堂的绝大部分仍然保留了19世纪中叶整修后的面

貌。修复完成的彩绘玻璃上，可读出教堂历年来的大事。

　　位于城外的圣奥古斯丁修道院曾是英国最大的修道院，包括有庞大的回廊、会议厅、寓所、食堂、教堂和医院，可供150名修士隐修。11世纪时，修道院内又建造了一座新教堂，用以安置圣奥古斯丁和早期几个坎特伯雷大主教。圣托马斯主教殉道后，教会与皇室的斗争并未停止。1538年，英王亨利八世终于解散了圣奥古斯丁修道院，修道院从此衰落下去，直到1844年才开始发掘和保护。

科隆大教堂 · *Cologne Cathedral* · 德国

位置	德国科隆城中的莱茵河畔
年代	始建于1248年
特别点评	德国最大的教堂，世界上最高的教堂，也是建筑时间最长的教堂

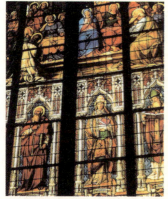

教堂里绚丽的彩色玻璃窗饰满《圣经》故事。

科隆溯源

科隆大教堂的建成与科隆的历史背景密切相关。公元前37年的罗马时代，罗马帝王奥古斯都的女婿阿格里皮在此地建城，此城遂成为罗马帝国军事要塞。公元50年，罗马皇后科隆尼亚·克罗迪娅出生于此，城市由此更名为"科隆"。公元795年科隆被定为威斯特法伦大主教驻地后，其宗教地位日趋稳固。1164年，德意志帝国皇帝、科隆大主教莱纳德征战意大利米兰时，夺得一件珍贵的战利品：朝拜初生基督的东方三圣王的遗骸，并将其带回科隆。于是，科隆成为继西班牙的圣地亚哥和意大利的罗马之后最有名的朝圣地。

科隆的骄傲

1238年，法国国王从拜占庭皇帝手中购得耶稣受难时戴的荆冠，于是巴黎成为科隆神圣地位最强有力的竞争者。因此科隆主教团决定修建一座世界上最大、最完美的大教堂，来供奉那份遗骸。因此1248年，科隆大教堂开始在一座旧教堂遗址上兴建。在16世纪宗教改革运动期间，教堂工程一度停工，两台中世纪的起重机高挂于教堂第三层延伸部分高达60米的南尖塔上，标志着工程的半途而废。诗人歌德第一次参观大教堂时大失所望。他觉得科隆大教堂像个"创造到一半、远未完成就凝固了的宇宙"。19世纪早期，随着浪漫派对中世纪的缅怀和讴歌，孕育出续建科隆大教堂的设想；而失

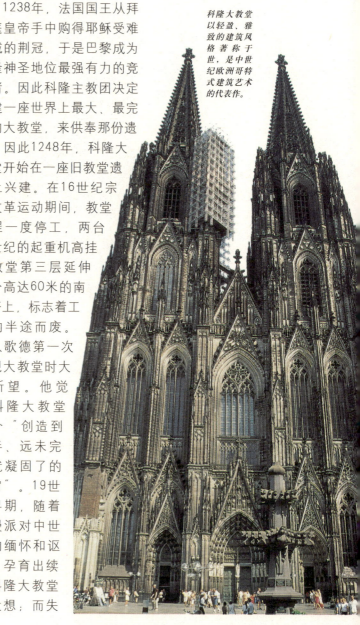

科隆大教堂以轻盈、雅致的建筑风格著称于世，是中世纪欧洲哥特式建筑艺术的代表作。

历经数百年打造与雕琢的大教堂穹顶散发着神圣的光辉。

落已久的绘在羊皮纸上的另一半大教堂西部正面设计图重见天日，更给主张完成此项工程的人们莫大的鼓舞。在普鲁士君王威廉四世的推动下，1880年10月12日，这座历时632年之久的建造工程终于得以完工。1880年10月15日，科隆大教堂举行了盛大的竣工典礼。当时，它以157米高的两个塔楼荣膺"世界最高建筑物"的美誉，这是宗教建筑史上最杰出的成就之一。如今的大教堂成了科隆的灵魂和象征。

教堂剪影

科隆大教堂本身既是一个传奇，也是艺术史上非常出众的题材。爬上509级的阶梯登上教堂的钟塔，在那里可以看到全世界最大的教堂吊钟，并饱览莱茵河的水色与科隆瑰丽的市容。同时，自教堂完工后，科隆市政府即规定：城内所有建筑不得高过教堂，因此造成科隆许多大楼地上的建筑只有七八层，地下却有四五层之多的特殊现象。科隆大教堂不但

是人们朝圣的目的地，也是人们歇息游玩、感受宗教氛围的绝佳去处。若沿着教堂四周漫步，引颈仰望，便能感受到教堂尖顶之高；如果走进教堂，还可以从容不迫地观赏墓碑和雕像；或者也可以坐在教堂广场的坐椅上静思。教堂内静谧、幽暗，而教堂外却是五彩缤纷，人声鼎沸。街头画师在用彩色粉笔临摹着名画，身旁放一顶旧帽，以求几个钱币；马路乐师正在广场一角演奏。每年狂欢节，巨龙般的游行队伍经过教堂，这里便成了一幅国际交流的组合画：有游客也有浪子，有学生也有修女，有听客也有观众。在大教堂面前，社会的、民族的界线统统消失了。

彩绘窗·稀世藏品

在教堂四壁上方，有总面积达一万多平方米的窗户，全部是绘有《圣经》人物的各色玻璃，色彩十分绚丽，这种风格被称为"法兰西火焰式"。当阳光经过这些彩窗射入时，斑斓的色彩营造出神境般的光芒。

科隆大教堂拥有很多稀世藏品。在众多藏品中，最著名的是重达24吨的大摆钟和一个10世纪的三王龛。由黄金、宝石和珍稀饰品组合而成的三王龛是教堂的"宝中宝"，可说是中世纪金饰艺术的代表作。如今，这个精致的三王龛置于大教堂的唱诗班回廊内。科隆大教堂的羊皮设计图纸也是教堂内的宝贵藏品，它是研究12世纪欧洲建筑艺术的宝贵资料。教堂内人们还可以欣赏到15世纪早期科隆画派的著名绘画家斯蒂芬·洛赫纳创作的宗教画。

教堂侧面

亚眠大教堂 · *Amiens Cathedral* · 法国

位置	法国亚眠索姆河畔
年代	始建于1220年
特别点评	法国最大的教堂，哥特式建筑顶峰时期的代表性宗教建筑

激光技术使雕像恢复了昔日的缤纷色彩。

教堂修筑史

亚眠大教堂兴建之前，其原址处为一座罗马风格的教堂；1218年此教堂因遭受雷击被摧毁，重建工作开始于1220年。1236年，大教堂的正面门面和主堂建造完成，唱诗席和环绕于周围的小教堂也在1247年开始建造。1269年，教堂的十字回廊和唱诗席的细节部分完工，此时的大教堂具备了完整的基础结构。由于种种原因，教堂内部地板一直到1288年才铺设完成。两年后，大教堂的二期工程展开，首先开始的是侧面的小教堂工程。1366年南塔建造完成，1420年北塔完成，由于两座钟塔

兴建时间相距过远，风格不尽相同。1385年7月，法国国王查理四世和巴伐利亚的伊莎贝拉在几乎已完工的大教堂完婚，这标志着亚眠大教堂开始在法国政治舞台上占据举足轻重的地位。亚眠大教堂除了因资金不够停工18年外，真正兴建的时间不过30年，因此，大教堂维持了相当完整的哥特式风格。亚眠大教堂之所以在如此短的时间内完成，除了信仰的热情，另一个主要原因是建筑

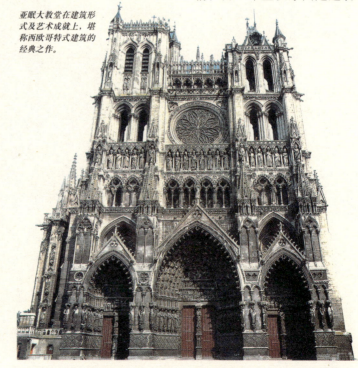

亚眠大教堂在建筑形式及艺术成就上，堪称西欧哥特式建筑的经典之作。

技巧的改进。亚眠大教堂是法国哥特式教堂中首座充分运用石材的教堂，集中切割石块使大教堂构建速度加快许多。

焕然一新的教堂

自1994年起，亚眠大教堂开始大规模清洗，准备以崭新的面貌迎接新世纪的到来。令工作人员没想到的是，原来被污染腐蚀的石像、梁柱表面在激光清洗过程中竟渐渐露出了13世纪时被涂上的色彩。原来，当时的石雕全为彩色，只是由于年代久远，鲜艳的色彩被掩盖住了，经由激光处理后重新露出了遮蔽在灰尘下的原有色彩。今天看起来只有石灰色单色调的石雕，在13世纪时全都曾经涂有鲜艳的色彩，可以想像这些艳而不俗的雕像应该是非常受当时百姓喜爱的。为了把这一风采重现世人面前，科学家和艺术家们共同制定了一套方案：在大教堂门前架设起几座巨大的激光投影机。每年6～9月的观光旺季，在庄严肃穆的葛利高圣歌音乐中，激光又把五彩缤纷的彩光投影在大教堂正面单色调的石雕上，大教堂正门三座拱门的雕刻全都呈现出当年的色彩，瑰丽十足，美不胜收。

教堂雕刻·败笔

由于年代久远，亚眠大教堂内的艺术品几乎涵盖了各个时

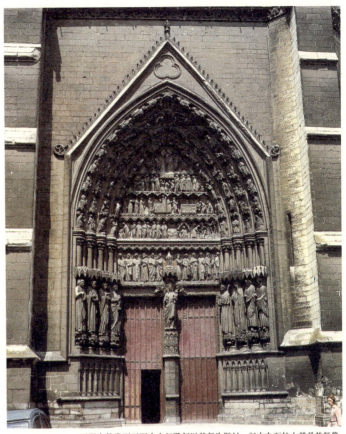

亚眠大教堂西正面中央门雕刻以基督为题材，门中央石柱上就是基督像。

期。那些被尊为无价之宝的教堂雕刻，当年主要是为了教化普通民众，让他们坚定自己的信仰核心而作的。亚眠大教堂的巴洛克雕刻看起来像是大理石雕，其实全是木雕；但由于其上涂满色彩，因此无论是近看还是远观，都如大理石所刻一般。而这些假的大理石雕刻，造价往往比真的大理石还贵，因为除了雕刻之外，为木头表面上色的花费同样造价不菲。中古世纪，艺术主要的功能是教化人心，因此，教堂雕刻所有艺术题材包含了一般人所需的知识，从世界的创造、宗教的戒命、圣人和道德的训示，一直到科学及职业描述，可谓五花八门，无所不包。

18世纪时，大教堂又以当时风行的巴洛克风格大规模整修，可惜这次工程中，除了位于唱诗席与主祭台间的栅栏和环绕唱诗席的屏风的整修还算成功外，其他一些新加的装饰严重破坏了教堂内部的整体性。例如，唱诗席后的巨大屏风阻隔了其后的圣所。另一个令人扼腕的设计是，为了让更多的光线进入，大教堂所有13世纪的彩色玻璃都被拆下，代之以透明的玻璃。这批被拆下并储存于仓库中的彩色玻璃后来又毁于一场意外的火灾，中古时期艺术工匠们伟大的心血结晶付之一炬，令人心痛。

巴黎圣母院 · *Notre Dame de Paris* · 法国

位置	法国巴黎塞纳河西岱岛东端
年代	始建于1163年
特别点评	驰名天下的天主教堂，雨果名作中故事的发生地

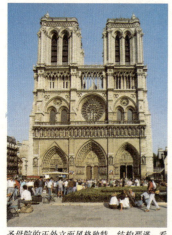

圣母院的正外立面风格独特，结构严谨，看上去十分雄伟庄严。

圣母院建造史

巴黎圣母院是法国天主教大教堂，也是世界著名的教堂之一。集宗教、文学、建筑艺术于一身的巴黎圣母院，原为纪念罗马主神朱庇特而建造，随着岁月的流逝，逐渐成为早期基督教的教堂。公元6世纪初，巴黎国王柴尔德贝特下令重建圣母院。此后，这座教堂还作为纪念殉教者圣·埃蒂安的地方。今天的圣母院始建于1163年，由教皇亚历山大三世奠基，1320年竣工。几个世纪中，圣母院屡遭战火破坏；后由建筑大师维奥来·勒·杜克在保持原有风格的基础上，加以设计修建，工程历时20年。

历史上的圣母院

见证历史的圣母院数百年来一直是法国宗教、政治和民众生活中的重要活动场所，大作家雨果所著《巴黎圣母院》一书更使圣母院名扬世界。许多重大事件和典礼仪式也在此发生和举行。1302年，菲利浦四世对抗罗马教皇，在这里召开法国历史上有市民参加的"总议会"；议会支持国王，并禁止法国主教到罗马开会。1455年，民族女英雄贞德的昭雪仪式在此举行，从而洗刷了法兰西的民族耻辱。1654年，路易十四在此举行加冕大典。1744年，路易十六又在此加冕。1789年，国民议会在此欢庆攻陷巴士底狱的胜利，标志着一个新的资产阶级统治时期的到来。1804年，拿破仑在这里加冕称帝。1918年，巴黎市民为庆祝第一次世界大战胜利而在此向圣母感恩。1945年，巴黎市民为战胜德国法西斯而在这里举行欢庆活动。1970年和1974年，圣

圣母院位于塞纳河西岱岛东端，是欧洲早期哥特式建筑和雕刻艺术的代表。

母院为戴高乐总统和蓬皮杜总统举行了追思弥撒。

圣母院真貌

圣母院内整个教堂全长130米，宽47米，中部堂顶高35米。全部建筑用石头砌成，塔顶结构轻快，堂内空间宽敞，给人一种秀丽、轻盈和流畅的感觉。法国著名作家雨果形容巴黎圣母院是"巨大石头的交响乐"。在他的作品《巴黎圣母院》中，描绘了当时的圣母院："一张有名的大理石桌子占据了这巨大无比的长方形厅堂的一端。那张桌子的长度、宽度、厚度，皆为人所未睹。借用古老的土地赋税簿籍惯用的那种足以使卡冈

都亚垂涎三尺的文体，'该大理石板之肥硕实在举世无匹'。小礼拜堂占据大厅另一端……这座小礼拜堂面目犹新，优雅的建筑、精妙的雕塑、玲珑剔透的金属镂刻，体现出迷人的趣味。这一趣味标志着哥特式风格在法国的结束，并且一直延续到16世纪中叶，化为文艺复兴时代仙乡奇境一样的异思遐想。正面上端镂空的玫瑰花窗尤为杰作，极尽细巧与文雅之能事，好比光芒四射的抽纱花边……"从这段文字中，人们可以一窥圣母院的部分轮廓。

拱门·正殿·唱诗台

巴黎圣母院正面为正方形，棱角分明，气势庄严。底层并排着的三个桃形门洞，雕刻有反映圣经故事以及天堂、地狱情景的浮雕作品。其中，右侧"圣安娜门"的中柱上雕有公元5世纪时巴黎主教圣马赛尔的像，拱肩是圣母和两位天使，两旁是莫里斯·德·苏里主教和国王路易七世的雕像。中门表现内容为"最后的审判"，中柱上是耶稣在"世界末日"宣判每个人命运的场景：一边是升入天堂的灵魂，一边是被推入地狱的罪人。左侧的"圣母门"是三门洞中最精美的，其中柱上雕有圣母圣婴像，拱肩画表现的则是圣母生平。在门洞两侧，人们还可以看到表现一年十二个月的图画以及圣徒与天使的雕像。三个门洞之上是一条长长的壁龛，人称"国王长廊"，其上排列着28尊雕像，据说是耶

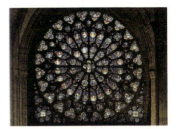

教堂南侧的圆形玫瑰花窗

稣基督的28任先祖帝王。法国大革命时期，这28尊雕像曾被误认为法国国王的形象而遭难，后来又重新修复。

步入圣母院的正殿，空间异常空旷。中央巨大圆格花窗的直径为9.6米，是这一教堂内又一令人惊叹不已的作品。正殿花窗及其左右两侧窗上的彩色玻璃画中的一部分是13世纪的原始作品，北面的窗基本上是原作，展现的是早期天主教领袖们、宗教司法官和《圣经》中描述的诸帝王如众星捧月一般将圣母供奉在中央的情景。正殿的两侧还设有众多的小礼拜堂，也都十分精美雅致。

圣母院唱诗台是由国王路易十三为感谢圣母赐子而修建的。路易十三在婚后二十三年喜得一子，即后来的路易十四，又称"太阳王"。这使路易十三认定是上天降下的奇迹，于是修建了用来歌颂圣母的唱诗台。唱诗台那音域宏大宽厚的管风琴将赞美诗美妙的乐章衬托得更加奇妙。巴黎圣母院的管风琴是全法国最大的一座，几年前对它进行了彻底清洗、修缮和调音，这项艰巨的工程共用了两年半的时间，全部的8000根琴管被一一拆下来，进行了精心的检查。现在这座管风琴内装置有复杂的电脑系统，使它保持完美的音色，协助演奏者有效地控制音调。

圣米歇尔山 · *Mont Saint–Michel* · 法国

位置	法国诺曼底圣马洛海湾附近
年代	始建于公元708年
特别点评	海岛之上的胜境，建有中世纪极具影响力的修道院

遥望圣米歇尔山，它就如同一个童话世界：周围是碧水白沙，教堂钟楼尖顶上舒展着的巨翼天使成了一个与日争辉的明亮光点。

圣山奇境

圣米歇尔山其实是位于法国诺曼底地区蓬特尔小镇附近海域的一个多岩石的小岛，岛上建有圣米歇尔修道院和教堂。不知是圣米歇尔山的名气让信徒们创造出与之相关的神话，还是神话使圣米歇尔山闻名于世，总之，圣米歇尔山的千年历史就是一部厚厚的传奇故事。公元708年的一个夜晚，在圣米歇尔山附近修行的红衣主教奥贝，梦见大天使圣米歇尔手指沙滩上的一座小山，示意他在此修建教堂。起初奥贝主教不以为意，但在接下来的几天里，圣米歇尔天使三次出现在他的梦中，并用手指在奥贝脑门上点出一个洞，奥贝恍然大悟，于是赶紧着手动工。圣米歇尔山修道院浩大的工程就是从这一年开始的。此后的800年间，无数的教士和劳工们将一块块沉重的花岗岩运过流沙，一步步拉上山顶。然后，又有无数的建筑家和艺术家在这些坚硬的花岗岩上留下了他们修整和雕凿的痕迹。直到16世纪，圣米歇尔修道院群才真正完工——奥贝的一场梦让人们忙活了整整8个世纪。

远观圣米歇尔

从巴黎向西北来到圣米歇尔山附近，眼前是一片极为宽阔的草场，远处与草场相衔接的是一望无垠的流沙。一座锥形的小山从流沙中兀然拔立。山顶上锥形的圣米歇尔教堂和修道院建筑群足比它们赖以存在的、直径约1千米的小山高出近两倍。教堂哥特式的尖

圣米歇尔山修道院依然挺立，天海临风，潮落潮落，历尽沧桑。

顶高耸入云，顶上金色的圣米歇尔雕像手持利剑直指苍穹。涨潮时，海水会从15千米以外的大西洋奔涌而来，瞬间没过流沙，使圣米歇尔山成为一座孤岛。建于11～16世纪的圣米歇尔修道院雄踞于山顶，如浮游于天水之间的三层主体建筑是今天众人观赏的焦点，它外表古朴庄重，墙厚1米，屋脊呈三角形。其中的圣米歇尔教堂由巨大的墙垛支撑着，由下而上，每一条拱线、每一处花纹都向上冒出尖峰，所有尖峰错落有致、井然有序，让人感觉有一股向上飞升的合力。最令人叹为观止的是，每一层尖峰都有基本相同的顶高，但实际上它们底下的建筑石基高低起伏，相差甚远。800年时断时续的修筑工程以及风格各异的建筑师及其修筑方式，依然把这个建筑群建得如此完美和谐，实属不易。

位于修道院二层的客房曾用来接待位高权重的贵宾和信徒。

大天使像·海湾潮汛

圣米歇尔山最高的大教堂始建于1446年，教堂钟楼尖顶直刺青天，高达157米。教堂尖端上的金像就是大天使圣米歇尔。他从公元708年"显灵"，直到1897年才"栖落"在山的最高处。大天使圣米歇尔手持利剑，展翅欲飞，庇佑着诺曼底的大地。在《圣经》故事中，大天使是守护天堂入口的天神，英勇无比，曾经战胜过魔鬼撒旦；大天使还能引领人们进入天堂，使他们免受恶鬼的诱惑，并能衡量人类的灵魂，区分善恶。

圣米歇尔山所处的圣马洛湾以涨潮迅猛而出名。每天傍晚，大西洋的潮水会以迅雷不及掩耳

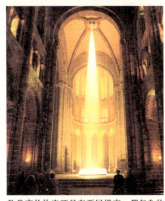

教堂高耸的穹顶足有两层楼高，那复杂的加肋设计提升了殿堂的视觉高度，构建出了轻巧优美而充满神圣感的空间。

之势奔袭而来，刹那间淹没流沙，把圣米歇尔山围困在滔滔巨浪之中。一些试图过海水上山的信徒就曾经被汹涌的海水卷走。大作家雨果曾经这样描写道："陷入流沙之中，一定会遭到惊心动魄的埋葬，这个过程是漫长的、必然的、毫不容情的……"值得一提的是，在1337～1453年的英法百年战争中，曾有119名法国骑士躲避在修道院里，依靠围墙和炮楼，抗击英军长达24年。因为每次只要坚守半天，势如奔雷的潮水就会淹没通往陆地的滩涂，为爱国者们赢来宝贵的半天休息时间。在这场旷日持久的战争中，此岛是该地区唯一没有陷落的军事要塞。

沙特尔大教堂 · *Chartres Cathedral* · 法国

位置 | 法国巴黎西南100千米处的沙特尔镇
年代 | 始建于公元9世纪
特别点评 | 中世纪哥特式建筑的范本，基督教文明的辉煌成就

这座历史悠久的天主教大教堂，使沙特尔这个法国中北部的城镇闻名于世。

教堂的修建

沙特尔大教堂始建于公元9世纪，最初是一个地下小教堂；11世纪时增建了更大的地下教堂。1194年，沙特尔大教堂遭受火灾，仅剩塔楼的底层。现在沙特尔大教堂的主建筑是此后重建的。几个世纪以来，沙特尔大教堂的钟楼和雕塑曾经受到不同程度的损坏，一些玻璃窗逐渐变质。法国政府为此拨款予以修缮，希望这座有着千年历史的大教堂依然能为人们展现其神秘、瑰丽的身姿。

教堂形制

大教堂有三个圣殿，分别与三座大门相通，象征耶稣不同时期的生活。中殿长130米，正面宽16.4米，高32米，是法国教堂中最宽的中殿。教堂两侧各有一座互不对称的尖塔钟楼，其独特的结构布局最为引人注目。南

大堂内的彩色玻璃窗画均以《圣经》故事为题材，形象鲜明突出，宗教气氛浓厚。

侧钟楼为早期法国哥特式的八角形建筑，塔顶高106米，建于1145～1170年，风格庄重务实；北侧钟楼初建于12世纪，后加盖了一个火焰式镂空塔尖，塔高111米，风格轻巧华美。从远处看，两个大小不等的尖塔格外醒目。

教堂主门因其门楣上的浮雕表现"基督是万王之王、万主之主"而得名。

圣母·教堂·彩窗

几个世纪以来，沙特尔大教堂一直是一个主要的朝圣中心和祭祀圣母玛丽亚的圣地。大教堂里里外外共有1万多尊用石头和玻璃制作的塑像。在18世纪很长的一段时间内，大教堂还拥有一尊受人崇敬的怀抱耶稣的圣母木雕像。教堂除了拥有古老的圣母木雕像外，还拥有圣·安妮·玛丽的母亲的头颅和一件据称为圣母生耶稣时所穿的衣服，现保存在一个圣盒内。

沙特尔大教堂以其宏伟壮观、高耸挺拔的建筑与被称为"石刻的戏剧"的雕刻群像组成了和谐美妙的整体。又因教堂那百余个玻璃窗和彩绘人物组成的绚丽多彩的世界，再现了基督布道的场景，幻化出了飞升于天国的神秘境界，故教堂又被称为"神秘教堂"。教堂三扇大门的中门即"主门"，因其门楣上的浮雕表现基督是万王之主而得名。主门两侧圆柱上的浮雕人像是《圣经》故事中的君王和王后。教堂侧大门旁的雕像是圣母和《旧约》故事人物，南侧大门旁的雕像为《基督的一生》。教堂祭台与中殿之间有一个漂亮的祭廊，建于16～18世纪，上面刻有描绘耶稣及圣母生平的浮雕。教堂集中世纪建筑、雕刻艺术精

华于一体，在美学、经济和科学技术上都是一个史无前例的壮举。

值得一提的是，沙特尔大教堂有170多个超过2000平方米的彩色玻璃窗，这些玻璃窗瑰丽奇巧，以蓝色和紫色为主调。它们大多数是自13世纪保存下来的，其中有4片是12世纪的，算是欧洲中世纪最重要的彩绘玻璃之一。中古世纪的教堂原是以雕饰和画作来装饰开放式的墙壁，到了12世纪时则有主教突发奇想，

将光线带到教堂中。他们让大自然的光线透过圣母与耶稣画像或《圣经》故事，使画面产生极具感染力的神圣感，因此就有了彩绘玻璃的创作。法国大革命时，沙特尔大教堂中有8片玻璃损毁，因而每当战争爆发，这些彩绘玻璃就会被卸下保管，待战争结束以后才重新装上。这些彩色玻璃窗画均以《圣经》故事为题材，包括数千个拜占庭风格的人像，它们反映了中世纪最重要的审美范畴——光。当阳光穿过彩窗，在教堂中投下迷离的光与影时，更加强了人的幻觉，也加强了哥特式教堂使人产生的上升的激情。所以，沙特尔大教堂的彩绘玻璃被公认为是12～13世纪玻璃窗画艺术最完美的典型。

沙特尔大教堂是法国著名的教堂，被举世公认为"中世纪最杰出的建筑艺术之家"，集建筑、雕塑和玻璃艺术的精华于一体。

米兰大教堂 · *Duomo of Milan* · 意大利

位置 | 意大利米兰城
年代 | 始建于1386年
特别点评 | 意大利最大的天主教堂，有着"米兰象征"的美称

教堂广场上，无数游人漫步流连。

漫长的修建史

米兰大教堂主教堂始建于1386年，由米兰望族吉安·维斯孔蒂主持奠基。1813年，教堂的大部分建筑完工，至1965年教堂正面最后一座铜门被安装，才算全部竣工。这座教堂的规模远远超过最初的规划，因为建筑时间长，所以建筑上糅和了不同时期的风格，是意大利北方哥特式建筑的杰作。

"大理石山"

米兰大教堂长约168米，宽约59米，宏伟的大厅被4排柱子分开，柱与柱之间有金属杆件拉结，柱子加上柱头总高约26米。教堂大厅顶部最高处距地面45米，厅内全靠两边的侧窗采光，窗细而长，上嵌彩色玻璃，光线幽暗而神秘。教堂圣坛周围支撑中央塔楼的4根柱子，每根高40米，直径达10米。教堂所有柱子的柱头上都有小龛，内置雕像，手工精美。教堂东端的3个环形花格窗，宽约8.5米，高约21米，是意大利花格窗中的精品。教堂西端是仿罗马式的大山墙，众多的垂直线条和扶壁将墙面分成五个部分，扶壁上布满神龛雕像。该教堂全部用砖建造，外表覆盖着洁白的大理石。今天的教堂虽然已失去昔日的光彩，但那华丽、纤巧的外貌，仍使游

由于德国、法国、意大利等国建筑师先后参与主教堂设计，因此教堂汇集了多种民族的建筑艺术风格。

客叹为观止，故有"大理石山"之称。而教堂顶上那135个直刺苍穹的尖塔更给人以难以磨灭的印象。

整修教堂

目前，这座教堂的一些部分已遭严重破坏，特别是支持中央塔楼的那4根巨柱。由于当时设计上的错误，地下水的影响以及1700年加建在教堂顶部的尖塔的重压，致使柱身倾斜损坏。早在大艺术家达·芬奇活着的时候就曾设法加固。1968年人们在柱外加灌了混凝土，但仍不能使它具有足够的支撑力。为了一劳永逸地解决这个问题，意大利政府决定对教堂进行彻底的修缮，工程将耗资1200万美元。

逸闻·雕像·广场

和许多历史悠久的建筑一样，米兰大教堂也有着众多传说。最神秘的当属"耶稣的钉子"：在教堂的屋顶上藏有相传是钉死耶稣的那枚钉子。耶稣的信徒们为纪念耶稣，每年要取下钉子朝拜3天。当时，达·芬奇为了方便取送这枚钉子还专门发明了升降机。教堂屋顶上还有一个小洞，洞下的地上固定着一根金属嵌条，每天中午的阳光由小洞射入，正好落在金属条上，形成一个"太阳钟"。法国皇帝拿破仑与米兰大教堂很有渊源：1805年他宣布自己兼任意大利国王时，就是在这里加冕的。

米兰大教堂除了在选材上全部采用大理石料外，还有一个显著的特点——拥有数量众多的装饰雕塑。在教堂屋顶和外墙壁柱的顶端，耸立着135座圣人和圣女的雕像；在教堂内的壁、柱、廊、龛、洞各个部位，分布着4400尊白玉塑像，位于最高处的是一尊距地面103米、高4.2米的圣母玛利亚贴金塑像。这些庄重而千姿百态的塑像，为米兰大教堂增添了无限的神圣感。

米兰大教堂前是著名的大教堂广场，这里是米兰市的中心。广场中间有伊曼纽尔骑马雕像，雕像四周，无数的鸽子在悠闲踱步，任人喂食、观赏。离教堂不远的广场上有一个全部用彩色玻璃顶棚覆盖的十字街口，称作"伊曼诺二世走廊"，建造于1865～1877年，全长196米，宽105米，高47米，如今是米兰著名的商业中心之一，这里有各种商店、书店、餐馆，吸引着许多来此的游客。

伊曼诺二世商业走廊

这座欲与阿尔卑斯山争高的教堂，被许多人称誉为"一座锦绣的森林"。

圣方济各教堂 · *St. Francis Cathedral* · 意大利

位置	意大利中部的阿西西古镇
年代	建造于1228~1253年
特别点评	圣方济各会信徒的圣地,在世界艺术和建筑发展史上占有重要地位

阿西西的圣方济各

阿西西是一座中世纪古镇,也是圣方济各的诞生地。它与方济各会的产生、发展和兴盛息息相关。方济各是天主教方济各会的创始人,出生于1182年。他原是一位富有、俊朗且充满征服野心的年轻人,但1201年的一场大病彻底改变了他,并使他走上了传教之路。为了纠正、改革当时的教会风气,这个年轻人开始倡导并严格恪守清贫苦修的戒律,效法耶稣当年在物质条件不佳的环境中,披荆斩棘传播教义的做法。他曾千辛万苦地在全城乞讨石块,修复了圣多米安和圣玛丽天使两座教堂。他的举动激起了很大的反响,方济各教派的满腔热情也因此成为中世纪以来基督教内的一股清流。也正因为如此,方济各在基督教的发展史上占有非常重要的地位。1226年10月3日礼拜六的夜

教堂门前有鲜花拼成的巨大字母。

里,方济各因病去世。弥留之际,他脱下僧袍,裸体躺在地面上,仅用借来的衣裳覆盖,表示割断与尘世的最后联系。次日,人们抬着他的遗体游行,然后将他安葬在圣乔治教堂内。1228年,教皇格利高利九世在圣乔治教堂追封他为圣徒,即圣方济各,并为现在这座圣方济各教堂奠基。在许多宗教画里,穿着褐色僧袍、腰系白色棉绳、脸庞消瘦并带有慈悲神色、手掌和脚掌及胸前有类似耶稣十字架钉痕的圣方济各,是陪伴在耶稣或圣母周围的必有人物之一。

圣方济各教堂

圣方济各教堂是天主教方济各会的修道院和教堂的总称。1228年,方济各被追封为圣徒后,修士艾里亚为方便方济各会的修士及前来

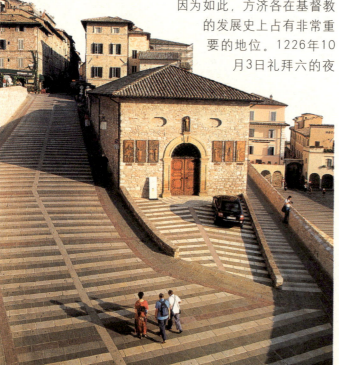
阿西西古镇因圣方济各而闻名世界。

朝圣的人们，提议建造一座宽敞的修道院和教堂，全部工程于1253年顺利完成。圣方济各教堂依山而建，分为上下两层，外壁装饰以白色大理石为基调，并饰以淡红色和黑色的水平条纹，华美而光彩夺目。1818年圣方济各的墓室打开后，又增建了地下圣方济各墓室。

下层教堂·上层教堂

圣方济各教堂的下层为罗马式穹棱风格，内部昏暗，四壁都覆盖着华丽的湿壁画，皆出于名家手笔，不过因为内部光线不足，参观者仅能就着有限的灯光和烛光欣赏。其主殿左侧是与圣方济各相关的壁画，其中的《圣母子》是壁画中的经典。画中的圣母凝视着圣方济各，脸部流露出极为慈爱的神情。据说，这幅图在夕阳的照射下，更令人动容，所以又被称为《黄昏里的圣母》。教堂祭坛上也有许多湿壁画，据考证应该是乔托弟子所

绘。下层教堂最重要的是地下墓室里圣方济各及其四名门徒的墓穴，为避免被凡人亵渎，这个墓室在15世纪时被封，直到1818年才重新开放。下层教堂的底端还有一个小礼拜堂，墙壁上有赛门马丁尼所绘制的《圣马丁的一生》。

与下层教堂相比，上层教堂最著名的就是由乔托所绘制的28幅记录圣方济各生平的湿壁画。这些画虽号称是乔托的作品，不过，根据近代的考证，至少有三位画家参与过这28幅巨作的绘制。经过整修之后，人们可以很清晰地欣赏画家的笔触。画家们把圣方济各的故事栩栩如生地呈现在后人面前。例如，其中一幅就描绘了圣方济各脱掉所有衣服还给父亲的场景，表示他扬弃了所有既得的财富与地位；画家笔下还原了当时各方人马的表情，如震怒的父亲、窃窃私语的村民等，充满了戏剧张力。因为教堂的整修工作完成不久，壁画得以再现干净而鲜艳的色泽，乍看起来，宛如刚刚完成。

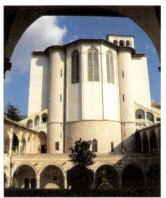

圣方济各教堂充满垂直向上的线条。

这幅名为《圣方济各与小鸟》的壁画是上层教堂28幅中最为著名的。画面是一群小鸟从高空飞下，聆听圣方济各的讲道；画中生动别致的构图布局和真实感人的艺术形象，展示着意大利文艺复兴的巨大魅力和辉煌的艺术成就。

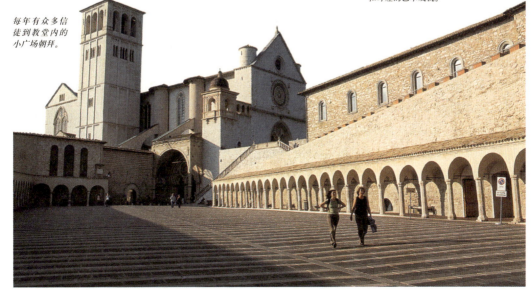

每年有众多信徒到教堂内的小广场朝拜。

圣彼得大教堂 · *St. Peter's Cathedral* · 梵蒂冈

位置 ｜ 意大利罗马西北的梵蒂冈高地上

年代 ｜ 始建于1506年

特别点评 ｜ 最大的天主教教堂，欧洲天主教圣地，建筑集文艺复兴与巴洛克风格于一体

梵蒂冈城

梵蒂冈城位于意大利首都罗马西北角，是欧洲最小的国家，面积只有0.44平方千米。公元4世纪开始，罗马城主教利用罗马帝国的衰亡，乘机掠夺土地，并于公元6世纪获得罗马城的实际统治权，称自己为"教皇"。公元756年，法兰克国王丕平将罗马城及周围区域送给教皇。此后，意大利中部出现了以罗马为中心的"教皇国"。1870年意大利王国消灭教皇国，教皇退居梵蒂冈宫中，其世俗权力结束。1929年2月11日，墨索里尼为求得教皇的支持，同教皇代表枢机主教加斯帕里签订《拉特兰条约》，承认梵蒂冈为属于教皇的主权国家，教皇在其领土上拥有世俗统治权。作为历史上教皇国的延续，梵蒂冈是一个特殊形态的政教合一的国家。它虽然非常小，却因几个世纪以来一直是天主教教皇的驻跸处而成为全世界9亿天主教徒心中的圣地，集中了一批举世无双的艺术品和建筑杰作。

大教堂溯源

梵蒂冈在罗马帝国时代原本是一片沼泽地，后被整建为竞技场。其间，一座从埃及运来的方形尖碑置于此处以点缀这座竞技场。据传，公元64年，耶稣十二门徒之首——彼得在此殉难，并葬于附近的异教徒公墓。到了公元4世纪，一位信奉基督教的罗马皇帝君士坦丁大帝将这片土地赠予基督教会，并

俯瞰圣彼得广场

在圣彼得陵墓上建造了第一座教堂。君士坦丁时代兴建的教堂到了15世纪已岌岌可危；1452年教皇尼古拉五世曾下令整修旧教堂，但整建工程却随着教皇的去世而告终结。1506年，教皇朱利尔斯二世接受建筑师布拉曼特的建议，决定将旧教堂全面改建。但工程浩大、资金不足又使得改建规划停滞不前，

圣彼得大教堂的建筑具有明显的文艺复兴时期所提倡的古典主义风格。

加上教廷日益腐化，宗教改革风起云涌，种种因素致使布拉曼特去世时，新教堂只竖立了4根圆柱。接手的拉斐尔继续进行教堂的修建，企图将布拉曼特的设计全盘改变，不过也未能实现。1546年，米开朗琪罗以老暮之年出任教堂总监督一职。他保存了原建筑架构，但新创了一个巨大的圆顶，此举为世人称道。建筑结构最后完工的教堂正面由马德诺完成。教堂内部则多出于意大利著名建筑师和雕刻家贝尔尼尼之手，随后他又完成了名垂不朽的杰作——圣彼得广场。

广场·教堂珍品

圣彼得广场位于圣彼得大教堂前，被称为"世界上最对称和最壮丽的广场"。这个集中各个时代精华的广场由贝尔尼尼于1667年设计并花去11年时间建成。广场呈椭圆形，长340米，宽240米，地面用黑色小方石铺砌而成，两侧由半圆形大理石柱廊环抱，造型和谐，气势恢弘。广场的每根石柱顶端的平台上，各有一尊3.2米高的神态各异、栩栩如生的大理石雕像，都是罗马天主教会历史上的著名殉道者。此外，在广场两侧还各有一个银花飞溅的美丽喷泉。站在喷泉之间的圆形白色大理石处观望两侧的柱廊，四排石柱只能看到前面一排，这是贝尔尼尼精心设计的一种透视效果。

圣彼得大教堂从兴建到落成，不但是一部文艺复兴到巴洛克时代的艺术史，也是一部宗教变迁史。大教堂保存有米开朗琪罗、拉斐尔、布拉曼特和小圣加罗等大师们的杰作，均为艺术珍品。教堂的屋顶和四壁都饰有以《圣经》为题材的绘画，不少是名家作品。最惹人注意的雕刻艺术杰作主要有三件：一是米开朗琪罗24岁时的雕塑作品《哀悼基督》，圣母怀抱死去儿子的悲痛感和对上帝意旨的顺从感在作品中刻画得淋漓尽致；二是贝尔尼尼雕制的青铜华盖，它由四根螺旋形铜柱支撑，足有五层楼房那么高，华盖前面的半圆形栏杆上永远点燃着

金碧辉煌的教堂长廊

99盏长明灯，而其下方则是祭坛和圣彼得的坟墓，只有教皇才可以在这座祭坛上，面对东升的旭日，当着朝圣者举行弥撒；三是圣彼得宝座，是贝尔尼尼设计的一件镀金的青铜宝座，宝座上方是荣耀龛及佩有象牙饰物的木椅，椅背上有两个小天使，手持开国钥匙和教皇三重冠，传说这把木椅是圣彼得的真正御座，其实它是加洛林国王泰查二世的赠礼。

圣彼得广场两侧半圆形的大理石柱廊

埃斯科里亚尔修道院 · *Escurial Monastery* · 西班牙

位置	西班牙马德里西北的瓜达拉马山麓
年代	修建于1563～1584年
特别点评	西班牙历代王室行宫和先王祠所在地，是一处规模宏大的古典建筑群

俯瞰马德里市

修道院渊源

埃斯科里亚尔修道院全称"埃斯科里亚尔圣洛伦索王家修道院"，位于马德里市西北约50千米处的瓜达拉马山南坡，是世界上最大、最美的宗教建筑之一。该建筑名为修道院，实为修道院、宫殿、陵墓、教堂、图书馆、慈善堂、神学院、学校八位一体的庞大建筑群，气势磅礴，雄伟壮观，有"世界第八大奇迹"之称。修道院是16世纪中叶遵照西班牙国王菲利浦二世的敕令修建的。菲利浦二世继位不久，于1557年一举占领了法国境内的圣金廷城。当天正是被罗马帝国国王巴莱里亚诺残酷迫害致死的基督徒圣洛伦索的蒙难日，圣洛伦索因此被视为象征胜利的保护

马德里历史

马德里位于西班牙中部的曼载纳雷纳河畔，是西班牙的首都，海拔650米，是欧洲地势最高的首都。始建于公元8世纪的马德里，最初是一位阿拉伯酋长的城堡。在16世纪之前，它仅仅是一处供国王及王室成员狩猎观光的小村庄而已。1560年，菲利浦二世将此定为西班牙首都。随后，贵族和宫廷侍者们纷纷在其周围建起城堡、教堂、修道院等，这当中就包括由菲利浦二世发起兴建的埃斯科里亚尔修道院。

教堂的南侧充分体现出设计者对格子窗形式的运用。

神。于是，菲利浦二世决定修建一座以圣洛伦索为守护神的大型修道院，此建筑群于1563年动工，历时21年，于1584年竣工。

建筑规制·教堂·文物宝库

修道院平面呈长方形，长207米，宽161米，是一个封闭而整齐的巨大建筑群体。整个建筑被一座由灰色花岗岩建成的四层楼房所环绕，长方形的四角上各耸立了一座55米高、尖顶上竖立着一个金属球体的七层角楼。据说这种长方体的整体外观不仅增加了修道院庄严肃穆之感，而且还有纪念基督教徒圣洛伦索的象征意义。因为当年的圣洛伦索正是被罗马国王装入一个灰色长方形铁罐，用熊熊的炭火活活烤死的。值得一提的是，修道院的建筑设计为格子窗形式，这种简朴的建筑风格影响了西班牙半个多世纪。

教堂是修道院的主体建筑，位于整个建筑群的中央，是一座边长50米的方形建筑。其屋顶上方耸立着一个直径为19米的圆形塔楼，塔楼上还有高高的尖顶；全塔总高为92米，是修道院建筑群中的最高建筑。与此高耸的圆形塔楼相呼应的是左右两侧两座72米高、带有圆形屋顶的方柱形钟楼。教堂内部十字交叉的圆形穹隆顶架由4根粗大的柱子支撑，另有8根较细的柱子分别支撑着24个拱顶支架。圆形穹隆的天花板上有各种反映圣母和耶稣宗教生活的壁画。教堂内最大的祭坛15米宽，26米高，分四层，分别用碧玉、玛瑙和红大理石的柱子支撑。在大祭坛的两侧有两组铜铸雕像群，是意大利米兰的艺术家们创作的艺术精品，其中

教堂中绘有壁画的长廊

一组是国王卡洛斯五世及其家人的雕像，另一组是国王菲利浦二世与他的三位妻子和一个儿子的雕像。

修道院建筑群中，于18世纪为查理四世重新装修过的宫殿内部灿烂辉煌，其中珍藏了许多稀世文物。其中有用金银线织成的十分贵重的壁毯、豪华的水晶灯以及17和18世纪由西班牙宫廷画家戈雅等画坛巨擘绘制的作品。这些艺术大师的代表作包括享有"世界三大名画之一"声誉的《宫娥图》：画面清晰、醒目，构图奇妙，是世界上最珍贵的一幅画。与查理四世宫殿形成对称的教堂北面，为修士的居室。在

修士大厅和圣器室里收藏有佛兰德斯画家范·德·韦伊登的《耶稣钉死在十字架上》、西班牙画家格列柯的《圣莫里斯殉难》和《菲利浦二世的梦》等名家名作。修道院的博物馆和图书馆也是西班牙重要的文物宝库。馆内除了藏有名贵古画、文物之外，还收藏有当年伟大建筑家胡安·德埃雷拉等人的设计图纸、建筑工具、文件等。图书馆内珍藏的4000份手稿和4万册书籍皆为稀世珍本，其中包括中世纪的阿拉伯文手稿和阿拉伯人统治下的西班牙基督徒的古代手抄本，以及西班牙国王阿方索十世颂扬圣母玛利亚的诗集，共有420首赞美诗。

远眺修道院，教堂的圆顶格外醒目。

莫高窟 · *Mogao Caves* · 中国

位置	中国甘肃敦煌东南
年代	约开凿于公元366年
特别点评	世界现存规模最大、保存最完好的中国佛教艺术宝库

印度佛教通常将能在空中飞行的天神称为"飞天"。图为莫高窟外的飞天雕像。

莫高窟是集建筑、雕塑、壁画为一体的立体艺术宝库。

开凿莫高窟

　　敦煌莫高窟又称"千佛洞",位于甘肃省敦煌市东南25千米处的鸣沙山东麓。此处不仅是东西方贸易的中转站,同时也是东西方宗教、文化和知识的交汇处。莫高窟开凿自前秦,历经北魏、西魏、北周、隋、唐、五代、宋、西夏、元等朝代,前后持续1000多年。据唐初李克让《重修莫高窟佛龛碑》的记载,莫高窟的开凿年代始于前秦建元二年(公元366年)。当时有位乐僔和尚西游至敦煌三危山下,忽见山上金光万道,似有千佛显现,他因而深受感动,于是开始募资请人在山上开凿了一个石窟。之后不久,又有一位法良禅师也在这里建窟。此后,皇帝、高官、富人至莫高窟崖壁上凿窟造像之举屡见不鲜,莫高窟也逐渐成为佛教圣地。直到明朝,汉民族举家迁往关内,之后近300年,莫高窟因没有施主进奉香火,也没有僧侣住持管理，遂逐渐没落。1961年莫高窟被列入全国重点文物保护单位，并开始进行全面的维护。至此，莫高窟逐渐为人所知，并成为一处游览胜地。

遥望莫高窟

壁画·彩塑·藏经洞

莫高窟壁画不仅反映了佛教文化和艺术的发展变迁，也展示出公元4～14世纪中国古代社会的历史风貌，为后人提供了当时大量的政治、经济、文化、历史、宗教、美术、音乐、舞蹈、杂技、建筑、风俗、衣冠服饰，以及中外交通往来等方面的丰富资料。莫高窟壁画内容包罗万象，大致可分为五类：第一类为经变画，即按佛经文字加以想象绘成的巨型故事画；第二类为故事画，主要描绘释迦牟尼的生平事迹，包括本生故事、因缘故事、佛传故事、戒律故事，另有中国传统的西王母、女娲等神话故事；第三类为佛教中的诸位神佛的尊像画，如佛陀、菩萨、佛弟子、天王、力士、罗汉、飞天等，几乎每个洞窟都会出现这些人物，但面貌造型并非千篇一律，而是依不同朝代的艺术审美观，展现其独有的特色；第四类为供养人画像，记录那些出资开窟造像的人及其家族成员，旁边并附有姓名、地位、官职等榜题，这些对当时真人真事的记录，已成为敦煌学研究的珍贵资料；第五类为装饰图案，主要是为了加强建筑或雕塑的装饰效果。

莫高窟依彩塑的风格特色大致可分为三期，早期自北凉、北魏、西魏到北周（约公元5世纪到6世纪下半叶），为发展阶段，由于此时期的佛教传承偏重在行

迹的发扬，因此虔诚的僧侣或信众多发愿开设石窟、建立寺庙，主要供僧侣们修行观相之用。中期为包括隋唐两代的鼎盛期（约公元6世纪末到10世纪初），由于此时正值"大一统"时期，政治、经济趋于稳定而蓬勃，敦煌艺术在此基础上也获得了空前的发展。这个时期的洞窟建筑除数量上有惊人的进步外，窟形也演变为庄严富丽的殿堂形式。晚期为衰落期，包括五代、北宋、西夏、元四个朝代（约10世纪初到14世纪中叶），各项特色基本承袭唐朝，缺少创新与个性，很难再现唐塑风采，此后的敦煌彩塑便如江河日下，愈见衰落。

清光绪二十六年（1900年）春，莫高窟王圆篆道士正监督工人清理第十六窟的甬道，忽然"壁裂一孔，仿佛若有光"，凿开后发现北壁上有个高18米、宽约0.8～0.9米的"藏经洞"，里面储存了自前秦甘露元年（公元359年）至南宋庆元二年（1196年）的藏品。据此推断，藏经洞的封闭当在13世纪初，其时西夏国王元昊进袭敦煌，莫高窟的僧人在战乱之中，将这些珍贵的佛经、文书、艺术品秘藏于此。这些收藏品有佛、道、儒各家的经卷、

诗词歌赋等民间文学书籍以及地志户籍等，此外还有绣画、法器等重要文物5万多件，其内容涉及宗教、政治、经济、军事、文化、文学、艺术以及日常生活等各个方面，除汉文资料外，还有大量以藏、梵、于阗、龟兹、回鹘和突厥等国的文字写成的资料，这些都是研究敦煌学不可或缺的资料来源。藏经洞的发现随着丝路商人的口耳相传，引起了国外考古学家的注意。由于清政府尚未意识到这些宝贵资料的重要性而疏于维护，因此自1907年起，先后有英国人斯坦因、法国人伯希和、日本人吉川小一郎和桔瑞超、俄国人鄂登堡等潜行至莫高窟，以各种手段掠走了藏经洞数万件稀世珍品。

莫高窟前的古代佛塔

乐山大佛 · *Leshan Giant Buddha* · 中国

位置	中国四川乐山凌云山西壁
年代	开凿于公元713年
特别点评	世界上最大的石刻雕像，造型具有浓厚的中国本土文化色彩

乐山大佛是世界现存最大的一尊摩崖石像，有"山是一尊佛，佛是一座山"的赞誉。

大佛的开凿

乐山大佛古称"弥勒大像"、"嘉定大佛"，开凿于唐玄宗开元元年(公元713年)。当时，岷江、大渡河、青衣江三江汇于凌云山，水流直冲山脚，洪水季节水势更猛，过往船只常触壁而粉碎。凌云寺名僧海通见此景象甚为不安，于是发起修造大佛之念，一使石块坠江减缓水势，二借佛力镇水。海通为此募集20年，去世后，由剑南川西节度使韦皋征集工匠继续开凿，朝廷也诏赐盐麻税款予以资助，大佛历时90年终告完成。大佛雕刻细致，线条流畅，身躯比例匀称，气势恢弘，充分体现了盛唐文化的宏大气派。

乐山大佛因风景秀丽的乐山城而得名。

大佛的脚趾甲可以放得下一张八仙桌。

大佛雄姿

乐山大佛以临水的壁面自然取势，为了使佛像看起来更宏伟、更具包容和护佑的视觉效果，雕凿者为佛像设计了倚坐的姿势。坐东向西、面相端庄的大佛通高71米，是世界最高的大佛。大佛头长14.7米，宽10米，肩宽24米，耳长7米，耳内可并立两人，脚背宽8.5米，可坐百余人。大佛宽大的脸庞神采奕奕，硕大的头部刻满了螺纹状发卷，细腻的发顶装束着丰满垂肩的长耳。置身大佛脚下，虽然可以仰视大佛那高大的躯体，但无论在山上、山腰或山脚，都只能看到佛像的一个部分，而不能详见全貌；在远处虽然可以总览大佛的面容，但却无法看清它的细部，其浩大的体积可想而知。这尊雍容大度、气魄雄伟的弥勒佛像，不似熟见的中国式笑脸弥勒的造型，其法相端庄犹如释迦。

排水系统·九曲栈道·巨型睡佛

乐山大佛具有一套设计巧妙、隐而不现的排水系统，对保护大佛起重要作用。在大佛头部共18层的螺髻中，第4层、第9层和第18层各有一条横向排水沟，分别用灰粉垒砌修饰而成，远望看不出；衣领和衣纹皱褶内也有排水沟；正胸向左侧亦有水沟与右臂后侧水沟相连。大佛两耳背后靠山崖处，有洞穴左右相通；胸部背侧两端各有一洞，但互未凿通，孔壁湿润，底部积水，洞口不断有水淌出，因而大佛胸部约有两米宽的浸水带。这些水沟和洞穴组成了科学的排水、隔湿和通风系统，防止了大佛的侵蚀性风化。

佛像右侧的石壁上有一条险峻的栈道，共173级台阶，自上而下盘旋九曲。行于栈道之上，身临危岩深渊，令人头晕目眩，自然联想到李白"脚著谢公屐，身登青云梯。半壁见海日，空中闻天鸡"的诗句。这便是著名的"九曲栈道"，是与修建佛像同时开凿的。栈道顶端有一长廊式亭阁，即是被明代袁子让称作

"立亭上则三峡凝黛，水自天来，烟波极目，绿野无际"的近河亭。栈道岩壁上尚存有两龛唐代造像，是大佛两侧原有的千百龛造像中保存较为完整的，其余则因风雨侵蚀而残缺不全了。栈道第一折处的经变雕刻精细生动，人物形象丰腴慈祥，线条优美，并刻有楼台亭塔，为研究唐代石刻和建筑艺术提供了宝贵资料。

巨型睡佛又称"隐形睡佛"，位于乐山主体大佛外围、三江（岷江、青衣江、大渡河）汇流处，形态逼真的"佛头"、"佛身"、"佛足"由乌尤山、凌云山和东岩连襟而成，南北直线距离约1300米，头南足北仰卧在三江之滨。巨型睡佛姿态惟妙惟肖，乌尤山为"佛头"，景云亭如"睫毛"，山顶树冠各为"额"、"鼻"、"唇"、"颌"，富有神采；凌云山栖鸾、集凤两峰为"佛胸"，灵宝峰是其"腹"和"大腿"，就日峰是其"小腿"；东岩南坡则为其"脚"。令人叹为观止的是，举世闻名的乐山大佛正好端坐在巨型睡佛"腋部"的深坳处，似乎正好应验了唐代雕佛者寓意的"心即是佛"和古代民间"圣人出于腋下"之说，形成了"佛中有佛"的奇观。

峨眉山西距乐山大佛三十多千米。现在，它们已经成为了四川旅游的亮点。

佛国寺和石窟庵 · *Bulkuksa and Sokkuram* · 韩国

位置	韩国庆尚北道东南吐含山
年代	始建于公元530年
特别点评	韩国最具代表性的佛寺，建筑极富新罗风格

佛国寺大雄宝殿的"双塔"格局曾经是韩国最流行的建筑形式。

"没有围墙的博物馆"

作为一座拥有千年繁荣历史的古都，庆州的历史可追溯至公元前57年古新罗建国，国王朴赫居士在徐罗伐（庆州旧称）建都，从那时起庆州便初具都市风貌。公元677年，新罗国在当时中国唐朝的帮助下，消灭了高句丽和百济，建立了统一的新罗国，并定都徐罗伐，新罗文化也从此更加灿烂辉煌。公元935年，高丽太祖王建消灭了新罗，建立高丽国，定都开城，徐罗伐正式改称"庆州"。沉淀了900多年的新罗王朝的宗教、文化及艺术精髓以各种古迹为依托，遍布庆州的每个角落，因此，庆州被称为"没有围墙的博物馆"。

佛国寺和石窟庵

佛国寺位于庆州吐含山西南山麓，创建于公元530年，公元751年由金大城扩建，公元774年竣工。1592年佛国寺在战乱中被烧毁，朝鲜王朝时期重修了部分建筑。1970年，韩国政府全面修复佛国寺，原来仅留遗址的观音殿、毗卢殿、回廊等建筑得以复原。石窟庵原为佛国寺的附属部分，于公元751年佛国寺扩建时建造，位于佛国寺后吐含山的峰顶处，是一座用天然巨石凿成的洞窟寺院，由巧夺天工的石雕组合而成。佛国寺属典型寺院布局形式，其特点之一是以大雄宝殿为中心，紫霞门、无说殿左右的回廊环绕的院落和以极乐殿为中心，从安养门左右至极乐殿后的回廊环绕的院落东西并列；另一个特点是释迦塔和多宝塔双塔式寺院建筑的形式。佛国寺紫霞门有青龙、白云二桥，据说走过这些桥便意味着渡过彼岸到达佛国乐土；安养门亦有莲华、七宝二桥，据说通过安养门也是进入了极乐净土。按照当

石窟庵释迦牟尼雕像

年的设计，石窟庵是佛国寺的附属部分。它不是像印度和中国打造石窟那样利用天然岩洞，而是采用花岗石雕刻出一个人工石窟。石窟庵建造在山顶上，表达了新罗人抵御外敌，保护家园的心愿，同时表现出他们的艺术灵感和建筑技术。石窟庵自身为一座完整的寺院，庵内由前室和后室两部分组成。石窟庵前室长6.8米，宽4.8米，为长方形厅堂；后部为圆形主室，直径7.2米，表示天界。两室之间由2.9米长的通道相连。吐含山是新罗王国防御外来入侵的天然屏障，石窟庵东面朝海，站在庵前可以眺望苍郁的海面，观赏美丽壮观的东方日出。

艺术特点·双塔格局·雕像

佛国寺的石造古迹都是用花岗岩建造的，无论菩萨和信徒的肖像及环绕在其四周的神仙像，还是雕刻于肖像顶部和基座的浮雕，无不逼真、精致，其形态、建筑方法均为当时土木建筑技术之精髓，是韩国石造艺术的代表作。石窟庵的营造计划则将建筑、水利、几何学、物理学、宗教和艺术融入统一的整体，其规模之大、雕刻之精以及空间布局之巧妙无不堪称建筑杰作。石窟庵和佛国寺的建筑与雕刻充分展现了新罗文化的博大精深，是韩国历史文化长廊中的瑰宝。

佛国寺内大雄宝殿的两侧各有一塔。东塔称"多宝塔"，高10.4米，是建在双层基座上的三层石塔，为新罗石造艺术的代表

作品，被列为韩国第20号国宝。该塔虽为石造但却采用木塔样式而建。西塔称"释迦塔"，高8.2米，是新罗的典型石塔，外形质朴，匀称美丽，被列为韩国第21号国宝。这两座塔均是新罗时期宝塔中最精美的，并因此使当时的佛国寺成为最流行的"双塔"格局的典型。

石窟庵内供奉着韩国最精美的石雕艺术精品——释迦牟尼雕像。这尊雕像用白色花岗岩雕刻而成，高3.48米。佛祖盘坐在八边形莲花石台上，慧眼微睁，神态安详，慈祥的眉宇间似乎凝聚着睿智，似要开口讲经的嘴、下垂的双耳，都显示出佛祖真、善、美的精神境界。雕像周围的石壁上还刻有11面观音像和佛陀

佛国寺被誉为韩国最精美的佛寺。

10位弟子像，石壁上部、穹顶下面的一些壁龛内也安放着观音像，穹顶还有浮雕装饰。石窟庵的释迦牟尼雕像及其浮雕的精美不仅在亚洲，即使在世界上也是极其珍贵的。

佛国寺背依青山，林木茂密，掩映在丛丛绿叶间。

法隆寺 · *Horyu –ji Temple* · 日本

位置	日本奈良县生驹郡斑鸠町
年代	始建于公元587年
特别点评	日本飞鸟时代的宗教文化宝藏，日本寺院建筑的典范

法隆寺号称日本古代的建筑博物馆，寺内可以见到历朝各代的建筑形态。

法隆寺背景

奈良于公元710年成为日本首都，立都时间比京都还早，可谓日本第一座历史悠久的都城。奈良的都城风格仿中国古城棋盘式设计规划而建，兴盛的佛教文化使奈良充满了各种佛教寺院与文化遗址，其中包括法隆寺、药师寺、东大寺、唐招提寺等寺院。法隆寺是日本佛教圣德宗总寺院，公元587年为祈祷天皇病愈而许愿兴建；天皇病故后由推古天皇和圣德太子续建，于公元607年建成。

圣德太子

兴建法隆寺的圣德太子不仅是一位崇信佛教的虔诚信徒，还是日本政治史上的一位重要人物。圣德太子摄政期间，为适应国内外风云变幻的新形势，进行了一系列引人注目的改革。自古以来，日本人尊奉他为法皇（佛法之皇）、圣王、圣人、伟人等。学术界对他的普遍评价是：日本佛教的始祖和伟大的政治思想家。他尽力仿效中国，提倡佛教和儒教，建立新的政府以及宗教和文化机构，不断扩大皇室的权力。他还派出遣隋使节，从中国聘来许多艺术家和手工艺者，兴修了许多佛寺，为两国文化交流开辟了道路。今天，圣德太子的肖像被印在5000日元和1万日元的纸币上，可见日本人对他的敬慕之心。但也有贬斥圣德太子的。江户时代的国学者抨击太子以佛教取代日本人传统信仰的神。自昭和初期兴起批判日本史籍的学风以来，有的学者否认史书中有关太子事迹的一些记载，在史学界引起轩然大波。

法隆寺建制

今天的法隆寺由西院和东院组成。其中西院是法隆寺的中心伽蓝（梵语寺院），包括南大门、中门、金堂、五重塔、讲堂、经藏、钟楼以及圣灵院、百济观音堂等。其中，西院五重塔塔高31.5米，是日本最古老的五重塔，因而享有盛名。这座五层重檐四角攒尖顶的木结构建筑，各个层面的宽度不大，层高也较小，但出檐很大，所以看上去就像几层屋檐的重叠，而且越往上越小，给人一种轻忽飘逸的飞

梦殿

翔之势。在这座塔的最下层有奈良时代初期塑造的塑像群，描述的都是佛的故事。从法隆寺的南大门进入，正前方颜色深厚、层次井然的西院伽蓝建筑群的确给人一种稳重的安定感。而纵观西院伽蓝内部，各栋建筑各踞山头，好像刻意彰显自我。法隆寺东院是在圣德太子的住所——斑鸠宫的旧址上改建的，建有金堂、梦殿、讲堂、僧房等伽蓝和绘殿、舍利殿、钟楼、礼堂等。其中金堂上层呈"人"字形，下层是四角伸出的双层瓦顶建筑。金堂整体平面近似正方形，具有独特的风格：堂内分为正殿和拜佛堂，拜佛堂内壁上安置着三尊佛像，分别为圣德太子建造的金铜释迦像、为太子的父君建造的金铜药师如来坐像和为其母建造的金铜阿弥陀如来坐像。此外，金堂内还安置着木造吉祥天立像、毗沙门天立像和北面的塑像吉祥天立像、木造地藏菩萨立像等。西院和东院都是见证日本佛教文化思想与艺术美学的珍贵宝藏。

五重塔建于公元670年，是为安奉释尊的遗骨而建造的，为寺院中最重要的建筑物。

法隆寺金堂

"飞鸟"·"七堂伽蓝"

在日本文化史或美术史中，常将公元7～8世纪日本大和朝廷在奈良的统治时期，划分为"飞鸟"时代、"白凤"时代和"奈良"时代。法隆寺在奈良现存诸寺当中建造年代最早，艺术与文化价值在日本均排名第一。法隆寺于公元607年完工时，圣德太子还亲自主持启用典礼。可惜的是当时的佛殿塔堂都在六十几年后的大火里付之一炬。如今，仅存飞鸟时代风格的建筑物，即西院和东院的法隆寺遗构。飞鸟时代的美学观念主要沿袭中国魏晋南北朝，讲究的是厚重沉稳，具有一定的严肃色彩。

法隆寺是在崇佛势力掌权之后大力兴建的，寺院命名直接表达出要让佛法更加"兴隆"的用心。佛寺须有"七堂伽蓝"，即七种不同用途的建筑物，大致包括存放舍利或宝物的"佛塔"、供奉佛像的"金堂"、宣讲佛法的"讲堂"、敲打梵钟的"钟楼"、存放经典的"经藏"、出家人作息的"僧房"以及用餐吃饭的"食堂"。七堂伽蓝的构成体系全都被运用在法隆寺的修建中，成为以后日本佛寺兴建的基本典范。只要是佛教寺院，无论法相宗、华严宗、天台宗、真言宗，莫不采用此种体系，差别只在于改变寺内建筑的式样、名称或用途，例如将金堂改成"中堂"，而七堂伽蓝的基本构成一直没有改变。

法隆寺西院的大讲堂

圣索菲亚大教堂 · *Sophia Cathedral* · 土耳其

位置 | 土耳其伊斯坦布尔
年代 | 始建于公元325年
特别点评 | 既有拜占庭建筑特色，又有东方艺术韵味，是土耳其最有代表性的古代建筑

伊斯坦布尔海峡北连黑海，南通马尔马拉海和地中海，地跨亚洲和欧洲两部分。

伊斯坦布尔

伊斯坦布尔是土耳其的古都，位于巴尔干半岛东端，博斯普鲁斯海峡南口西岸，扼黑海咽喉，地跨亚欧两洲，曾是古代丝绸之路的终点。公元前660年，伊斯坦布尔前身为希腊人所建；公元330年，罗马帝国迁都于此，并改其名为"君士坦丁堡"；公元395年，罗马帝国分裂后成为东罗马帝国首都；此后数百年，一直是地中海东部政治、经济、文化中心；1453年成为奥斯曼帝国首都，始称"伊斯坦布尔"。伊斯坦布尔悠久的历史留下了许多丰富多彩的文物古迹。圣索菲亚教堂便是伊斯坦布尔最大的教堂，是游人的必到之处。

见证历史的教堂

圣索菲亚大教堂始建于公元325年，是君士坦丁大帝为供奉智慧之神索菲亚，在异教徒神庙基础上发动1万民工，耗费5年时间建成的，后受损于战乱。公元537年，查士丁尼皇帝为标榜自己的文治武功又对它进行重建。他投入1万名工匠，花费6年光阴和无数金钱，将圣索菲亚大教堂装饰得极为精巧华美。神圣的教堂成为当时的城市中心，从统治者对教堂投注的心力不难看出，他们想凭借对宗教的奉献达到夸示帝国权力与财富的目的。它作为基督教的宫廷教堂，整整持续了9个世纪。1453年6月，奥斯曼土耳其苏丹穆罕默德攻入伊斯坦布尔，终于走进了令他朝思暮想的圣索菲亚大教堂。他下令将教堂内所有拜占庭的壁画全部用灰浆遮盖住，所有基督教雕像也被搬出，并将大教堂改为清真寺，还在周围修建了4个高大的尖塔，这就是今天我们看到的圣索菲亚大教堂的面貌。其建筑风格上的分裂也印证了那段历史。1935年，圣索菲亚大教堂由土耳其政府辟为国家博物馆，长期被掩盖住的拜占庭马赛克镶嵌艺术瑰宝得以重见天日。

圣索菲亚大教堂的主要建筑是中央的拱形大厅，居高临下，极为壮观。

教堂规制

　　圣索菲亚大教堂东西长77米，南北宽71.7米，前面有一座寺院，周围环着廊柱，中央是施洗的水池。而其内部神秘空间的构成在建筑技巧上比外观的壮丽还要精彩。君士坦丁大帝请来的数学工程师们发明出以拱门、扶壁、小圆顶等设计来支撑和分担穹隆重量的建筑方法，以便在窗间壁上安置又高又圆的圆顶。教堂内墙和墩子还用红、白、绿、黑等彩色大理石贴面，并组成可观赏的图案；穹顶和拱券饰有金色衬底的玻璃镶嵌画；地面也用马赛克铺装。当阳光通过教堂顶上的40扇窗子射进厅内时，满室明亮通透，堪称拜占庭建筑中最杰出的作品。

圣索菲亚大教堂在空间上采用了巨型大厅的圆顶设计，因此室内没有用到柱子支撑。整个建筑气势庄严但不凌厉，从不同角度看会有不同效果。

穹顶·广场

　　圣索菲亚大教堂的大圆顶离地55米高，它在17世纪圣彼得大教堂完成前，一直是世界上最大的教堂。教堂大圆顶直径为31米，由一个圆形大穹隆和前后各一个圆形小穹隆组合而成，有40个肋，通过帆拱架在4个7.6米宽的墩子上。巨大的穹隆使教堂的内部空间异常广阔；站在教堂中央，教徒们有仰望天界的美好与神圣的感觉。穹顶之下，廊柱和拱券重重排列，使室内空间相互渗透，曲折多变。

　　教堂对面有一个拜占庭时期的广场，君士坦丁大帝时扩建。广场长400米，宽120米，拥有10万个座位，是当时伊斯坦布尔古城的文化娱乐中心，专门用来举行战车比赛。现在其旧址上仍耸立着高大的石碑、铜柱和砖砌的尖塔。该建筑的南部还有一系列苏丹的大理石墓葬。

圣索菲亚大教堂是历史长河中遗留下来的最精美的建筑物之一。

耶路撒冷 · *Jerusalem* · 以色列/巴勒斯坦

位置 │ 地中海东岸的犹地亚山上
年代 │ 约公元前3000年
特别点评 │ 世界著名的古城之一，犹太教、基督教和伊斯兰教共同的圣地

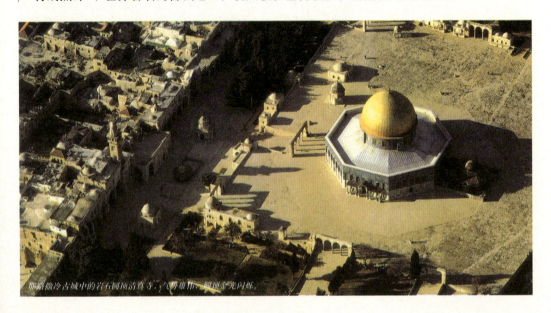

耶路撒冷古城中的岩石圆顶清真寺，气势雄伟，顶顶金光闪烁。

古城沧桑

耶路撒冷古称"耶布斯"，至今已有5000年的历史。约公元前3000年，闪米特人的一支迦南人最先在这里定居。后来，阿拉伯人将这里称为"古德斯"，意思是"圣城"；希伯来人将这里称为"耶路撒冷"，意思是"和平之城"。在漫长的历史进程中，耶路撒冷饱经战争创伤。公元前1049年，古以色列国的大卫王在这里定都。公元前586年，新巴比伦国王尼布甲尼撒攻克耶路撒冷。公元前532年，这里又被波斯的大流士侵占。

公元前4世纪以后，这里先后被马其顿、托勒密、塞琉西等王国统治。公元前63年，罗马人攻克耶路撒冷。公元636年，阿拉伯人打败了罗马人，长期统治了耶路撒冷。11世纪末，罗马教皇和欧洲君主以"收复圣城"的名义发动十字军东征，1099年占领耶路撒冷，建立"耶路撒冷王国"。从1517年到第一次世界大战前，这里一直被奥斯曼土耳其帝国统治。在这期间，耶路撒冷古城的城墙已经修复和重建了18次。

"圣城"的由来

据传，约公元前11世纪，以色列人在西奈山与上帝立约，将希伯来人的传统宗教发展为具有统一信仰和礼仪的民族宗教。此后，以色列人进入迦南，约公元前993年建立以色列王国，并在耶路撒冷建造圣殿。公元前933年，以色列王国分裂为南部犹太和北部以色列两国。这一时期，犹太教形成。因此，犹太教认为是耶和华把这块"流着奶和蜜的地方"赐给了犹太人的祖先。据《圣经》记载，基督耶稣诞生于耶路撒冷南郊小镇伯利

哭墙前虔诚祷告的老人

复活教堂内景

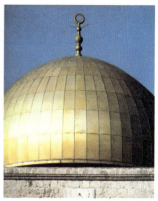

圆顶清真寺纯金的大圆顶

恒，后来耶稣在耶路撒冷及其附近地区传教，被犹太当局钉死在城外的十字架上。传说耶稣受难后3天复活，40天之后升天。公元335年，罗马皇帝君士坦丁大帝的母亲海伦娜在耶稣墓地建造了一座圣墓教堂，后被命名为"复活教堂"，因此基督教将耶路撒冷奉为圣地。另据伊斯兰教的《古兰经》记载，伊斯兰教创始人穆罕默德在52岁时的一个夜晚，被天使从梦中唤醒，骑上一匹长有女人头的银灰色马，从麦加来到耶路撒冷；他踏着一块岩石登上七重天，接受神的启示后，在黎明赶回麦加。耶路撒冷因此也成为伊斯兰教的圣地之一。

哭墙·教堂·清真寺

耶路撒冷圣殿山是犹太教徒最重要的一处圣地。保护至圣所的那座著名的大殿是希律一世（大帝）于公元前37年在由所罗门建造的第一圣殿的废墟上重建起来的。希律圣殿被古罗马提图

斯军围毁于公元70年，其遗迹仅为一段12米高的基础墙，通常以"哭墙"闻名于世。圣殿的被毁记录了犹太人民族历史上最痛苦的一页。此后千百年，常有各地犹太人来此号哭，以寄托其故国之思，哭墙由此被犹太人视为信仰和团结的象征。直到如今，哭墙下仍经常有来自世界各地的犹太人，他们或围着一张张方桌做宗教仪式，或端坐在一条条长凳上念诵经文，或面壁肃立默默祈祷，或长跪在地悲戚啜泣，虔诚之态令人肃然起敬。

君士坦丁大帝命名的复活教堂是耶路撒冷基督教的圣地。从外面看，复活教堂是一个整体的

建筑，里面却分为三个大教堂和几个小教堂；竖立钉死耶稣十字架的石头，被一个巨大的玻璃罩保护着。每年复活节时，成千上万的基督教徒从世界各地赶来，与当地的基督教徒一起在这里举行纪念活动。

被犹太教圣殿占用的那块高耸的台地被穆斯林认作"庄严的圣地"。公元636年，耶路撒冷被哈里发欧麦尔攻占；他的继承人之一阿卜杜勒·马利克在那块遗址上建起了一座八角形的清真寺，以遮盖被认为是先知穆罕默德梦境中的那块岩石。这就是该建筑物之所以又被称为"岩石圆顶清真寺"的原因。

从多弥菲维教会的窗口眺望耶路撒冷古城区

克久拉霍寺庙群 · *Khajuraho* · 印度

位置 | 印度中央邦
年代 | 始建于10世纪初
特别点评 | 中古时期印度教寺庙建筑与雕刻的代表，印度教的艺术之城

东庙群中的耆那教寺庙

克久拉霍寺庙建筑呈现出典型的北印度风格。

克久拉霍回溯

　　公元5世纪之后，外来民族与西印度的土著民族互相融合，形成了一个新的尚武民族——拉其普特。其中，有一支拉其普特人在印度的班德勒坎德建立了强大的王国，这就是在克久拉霍建造庞大寺庙群的昌德拉王朝。这些寺庙从10世纪初开始建造，历经200多年的时间，但建筑样式却出奇地一致。克久拉霍的寺庙群散布在一块总面积约为6平方千米的土地上，其上的印度教和耆那教的寺庙院落总数超过85座，保存到现在的有22座。这些风格独特的建筑，尤其是那些融宗教、世俗、性爱等主题为一体的雕饰，是10世纪印度文明的力证。

布局风格

　　目前克久拉霍的寺庙群分成西群、东群和南群三个区域。西群位于中心，拥有为数最多的寺庙；东群寺庙距离中心约600米，属于耆那教寺庙；而南群的寺庙只有两座，与东群寺庙之间相距约500米。克久拉霍的寺庙建筑是典型的北印度风格，最主要的特色是建有锡卡拉式屋顶。这种建于寺庙中央的屋顶呈圆锥状，象征神明居住的山峰。朝拜这种寺庙，就如同前往这些神山朝圣。

　　此外，寺庙主体建筑大多立在一座方形的基台上。基台前面有石阶，教徒进入

克久拉霍寺庙群中最精彩的部分是繁复精致的雕刻,其中充满缠绵温存的男女交媾神像,代表着创生与繁衍的意义。

寺庙之前,必须在此脱下鞋子,以维持寺庙的圣洁。有些庙还建有回廊,其主要功能在于让信徒绕着寺庙进行膜拜与冥想。

神·庙群·雕刻

克久拉霍寺庙群的建造是为了对印度教神灵表达敬畏之情,在欣赏这些寺庙杰作之前,必须先对印度教神灵有一番了解。印度教主神是大梵天、毗湿奴与湿婆三位一体神灵,三者分别代表创造、保护和破坏三种力量。在印度教传说中,创造神大梵天已经返回天界,所以祀奉大梵天的寺庙相当少见。大部分的庙都是供奉毗湿奴或湿婆。由于湿婆具有毁灭一切的力量,所以受到教徒的膜拜最多。除了三位一体神之外,其化身、坐骑,以及代表性力的女神,也都是印度教寺庙供奉的神灵。

克久拉霍规模最大的西群寺庙群总共有14座庙,位于中心的是肯达利亚玛哈戴瓦与戴维迦甘丹巴庙,后者约建于1000年,原本是毗湿奴神庙,后来变成帕瓦娣女神庙。西群中的毗湿瓦纳斯庙建于1002年,属于湿婆神庙,庙壁上的雕刻都不脱交欢与瑜伽姿势。拉希玛纳庙则造于西群古代仅存的基台上,由昌德拉王朝的亚修瓦曼国王所建,样式融合几个世纪的不同风格,由一座主圣坛和四个附属圣坛组成,基台上雕刻着大象与人物形象,墙面装饰着无数的男女雕像,充满大胆的情欲姿态。此外,西群尚有南迪庙、玛泰吉什沃尔庙、朝萨斯苏格尼庙、契特拉古波塔庙、帕瓦娣庙、拉儿古安玛哈戴瓦庙等。克久拉霍东群的寺庙目前都属于耆那教寺庙,其中规模最大、造型最美的一座,就是帕尔斯瓦那斯庙。帕尔斯瓦那斯庙建于公元954年,墙壁上装饰着许多表现舞蹈姿态的雕像以及造型精巧的格子窗。此外,东群尚有迦瓦利庙、大梵天庙、戈罕泰庙、瓦玛纳庙、襄提那斯庙与阿迪那斯庙六座。克久拉霍南群总共只有两座庙,其中比较重要的杜拉朵庙,建于1100~1125年,原本供奉肯达利亚,后来成为湿婆神庙。这座庙虽然建于昌德拉王朝的衰落期,但墙壁上仍布满精细无比的雕像。距杜拉朵庙约1000米处,还有恰图尔伯胡吉庙,建于1100年左右,是昌德拉王朝所建的最后一座庙。

克久拉霍寺庙群最惊人的艺术成就,就是装饰在庙壁上的雕刻。这些数量丰富的雕刻作品,内容有印度教神灵英雄(如毗湿奴化身的公猪或侏儒、太阳神驾着的七匹马双轮战车)和许多女神雕像(有的跳舞、有的手持花朵、有的吹奏长笛或挥动武器),以及自然界的太阳、月亮、星星、河流、湖泊、动物、花朵等物象。而其中最特别的则是湿婆(毁灭之神)和性力女神交欢的各种姿态,以及印度教女神的64种性力表现。尽管世人对于印度教寺庙所装饰的欢爱雕刻有着许多不同的看法,但从纯艺术角度来看,克久拉霍的石雕堪称早期印度工艺最伟大的创作。

西群寺庙的中心建筑是肯达利亚玛哈戴瓦庙,其屋顶是典型的锡卡拉式。

阿旃陀石窟 · *Ajanta Caves* · 印度

位置 ｜ 印度马哈拉施特拉邦文达雅山的悬崖上
年代 ｜ 建于公元前2世纪到公元6世纪之间
特别点评 ｜ 古印度佛教圣地，南亚佛教石窟的代表性建筑

开凿于悬崖峭壁间的阿旃陀石窟环布在新月形的山腰陡崖上，高低错落，绵延500余米。

阿旃陀兴废史

　　"阿旃陀"一词来源于梵文，意思是"无想"、"无思"。阿旃陀石窟是古代印度佛教徒开凿出来的佛殿和僧房。相传，石窟开凿的年代是孔雀王朝时期，当时的阿育王将佛教定为国教。虔诚的佛教徒便找到了这个景色秀丽的深山幽谷，作为敬奉佛祖、修身养性的地方。石窟的开凿和兴盛持续了近千年，后来便逐渐荒废，被人遗忘。直到1819年被进山狩猎的英国军官无意中发现，阿旃陀石窟才又奇迹般地重放异彩。公元638年，中国唐代高僧玄奘到达印度南部，在《大唐西域记》中记载了阿旃陀石窟的全貌，这是截至目前发现的对阿旃陀石窟最早的文字记载。

塔殿与寺院

　　阿旃陀石窟的庙宇佛殿是南亚佛教石窟建筑中最精美的。阿旃陀石窟共有30座，工程分两期完成：第一期是在公元前2世纪到公元前1世纪之间，第二期是在公元5～6世纪之间。其石窟建筑可分为塔殿与寺院两大类，两类建筑上都饰有丰富的雕刻与壁画，描绘了佛陀、菩萨、觉悟了的人物，以及佛陀的生平大事和佛本生故事。殿塔入口处上面是一个马蹄形的窗户，殿塔内有一间中央堂室，天花板为拱形，半圆形的后殿四周是廊柱隔开的环形边廊。寺院是石窟的第二类建筑，其规模要比塔殿大得多。每座寺院都有一个礼佛大厅，旁边是起居厢房，后来的建筑里还有佛龛。尽管两类建筑都刻在悬崖上，但它们都按照木制建筑的特点雕饰了拱肋和横梁。

开凿·雕刻·壁画

　　阿旃陀石窟佛教建筑的修建者是当时王朝的大臣及其妻妾、臣民以及过往的商贾和香客。阿旃陀洞窟中有6座没有竣工，科学家借此展开对洞窟最初修建步骤的研究。其具体步骤是：选择一块柔软粗糙并且没有明显裂缝的玄武岩崖壁，然后刻出石窟正面轮廓，再用铁器开凿。由于首先凿出天顶，接着从上往下开凿，因此不需要搭脚手架。在往下开凿的时候，先凿出长长的工作通道，然后留出内墙隔开的几排立柱，等待以后开凿。修造寺院的时候，先凿出中央大厅，然后再凿供起居用的厢房。一旦粗凿完工，便可开始精雕细凿。研究还发现：当时的工匠在新凿出的殿堂的粗糙表面，厚厚地涂上了一层黏土、粗砂、蔬菜纤

阿旃陀卧佛肌肤富于质感，线条舒展，笔法洗练，雕刻技法达到了很高的艺术水平。

维、菩糠和草的混合物，然后又刷上稀石灰，最后绘上精美繁缛的壁画。壁画轮廓用木炭勾勒，先绘背景，再精绘景致。绘制壁画所用的颜料都是加工磨碎的天然材料用动物胶黏合而成的，并用赭石绘红色与黄色，高岭土绘白色，灯烟绘黑色，天青石绘蓝色。建成后的阿旃陀既是僧人居住的寺院又是佛教活动的中心，虽然它位于偏僻之处，但仍然吸引了大批的香客，其中不乏富有的地方官和朝廷命官。

阿旃陀石窟的雕刻中，大都设有佛祖及其他菩萨的巨型雕像，人物形象鲜明生动，人体比例和谐，给人以优雅、肃穆、淳厚的美感。这些雕刻从题材上分佛教造像和装饰纹样。其中佛教造像可分早、中、晚三期，由于风化严重，早期雕像已很难辨识；中期雕刻出现了许多精品，如16窟中的说法佛、19窟中的列柱和板框上的采花女子像及蛇王像等，为石窟造像之佼佼者；后期雕像规模扩大，人物的刻画更加细腻精巧，形态也更加优美，如1号窟中的释迦牟尼像，以及布满窟内四壁的佛传、佛本生故事浮雕等。

阿旃陀石窟中绘制精美的壁画上下纵跨千年，堪称印度壁画之冠，是举世瞩目的画廊瑰宝。由于年代久远，价值最高、名声最大的满壁彩绘大多剥落或损坏，仅有部分保存下来。壁画的内容主要是宗教性的，题材直接取自佛经，内容包括佛陀成佛前修行的故事，表现了佛陀的降生、出家、成佛、降魔、宣法和涅槃；也有宣扬宗教哲理的美好神话；还有描写当时印度社会生

展现佛陀向弟子布道场面的壁画

活和宫廷生活等情景的。这些壁画被用来教导俗民与年轻僧侣们学习佛教传统文化，使他们做好生死轮回的准备，力求死后能够升天，并且进入壁画所绘的极乐世界。阿旃陀壁画反映了古代印度高超的绘画艺术成就，既是难得的艺术珍品，又是宝贵的历史资料。

阿旃陀石窟的雕刻大都设有佛祖及其他菩萨的巨型雕像。

吴哥遗迹 · *The Historic Site of Angkor* · 柬埔寨

位置	柬埔寨首都金边西北
年代	始建于公元889年
特别点评	柬埔寨古建筑最高水平的代表，1992年被列为世界文化遗产

发现吴哥

吴哥是公元9~15世纪东南亚高棉王国的都城。公元9世纪初始，吴哥王朝先后有25位国王统治着东南亚中南半岛南端以及越南和孟加拉湾之间的大片土地，其势力范围远远超出了今天柬埔寨的领土，盛极一时。其间大兴土木，留下了吴哥城、吴哥窟和女王宫等600多座印度教与佛教建筑风格的寺塔。1431年泰族军队攻占并洗劫了吴哥，该城废弃。随后，繁华的吴哥就湮没于方圆45平方千米的丛林榛莽之中，到16世纪已成为一片杂木丛生的废墟，逐渐被人们遗忘。1860年，法国博物学家姆奥为了寻找珍禽异兽，来到金边西北25千米处的洞里沙湖岸，并在这个蛮荒的密林深处发现了震惊世界的吴哥遗址。在此之前，没有人相信当地有什么历史可言，更不用说工艺技术了；但这片重见天日的"废墟"却是一个辉煌灿烂的古文明曾经存在的铁证。

吴哥城·吴哥窟·女王宫

还在公元889年的时候，苏利耶跋摩一世就在一个大湖的北面建立了吴哥城。在以后的500年中，它一直是高棉的首都。吴哥城是一座正方形城市，城墙周边长约13千米，城墙高约7米，厚38米，全部用赤色石块砌成。吴哥城共有五座城门，城门两侧各有一尊石象，象有3个头，牙齿着地，鼻子在莲花中卷动，甚是生动逼真。吴哥城城外有壕沟环绕，沟上有大桥，桥两旁各置有27尊石刻神像，成跪坐状；城内还有鳞次栉比的庙寺、宝塔、皇宫等建筑。吴哥城中心的巴扬

吴哥的大部分建筑已倒塌成废墟，但其遗迹建筑艺术之璀璨夺目，依然令人惊叹。

吴哥佛像天庭饱满，地阁方圆，带着神秘的微笑。

女王宫外墙、拱门和门楣上的花纹浮雕巧夺天工。

寺是吴哥城的标志性建筑。苏利耶跋摩七世是个虔诚的佛教徒，皈依观世音菩萨，这正是他在吴哥城建拜扬寺的原因。拜扬寺周围有许多林立的四面佛塔，建筑格式十分大胆，而雕刻在四面佛塔上的观世音菩萨像，在佛教艺术上被赞誉为最能捕捉住神韵的杰作。拜扬寺中的回廊壁上有许多刻着人们日常生活情景的浮雕，其构图、描绘手法以及图像的表现，都非常写实，使后人能通过它了解以往吴哥的社会百态。

吴哥窟是吴哥遗迹群中规模最大的建筑，吴哥王朝的苏利耶跋摩二世在1113年即位后，即着手动工兴建，大约花费了30年的时间才完成。以高棉语来说，吴哥窟是"寺庙城"的意思，它由长约4.5千米、宽190米的环绕壕沟及长540米的西巷道、三重回廊和以65米高的中央尖塔为中心的5座尖塔共同组成。吴哥窟可以说是高棉建筑学上最值得夸耀的成就，至于它是如何建成的，由于缺乏史料，考古学家只能加以推测。例如，工地中的石材上

都凿有小孔，这大概是当时的工匠为了方便搬运而凿的。考古学家还猜测：这些重达数吨的石柱很可能是由大象拉引的；而建造大佛塔所需的红土和砂岩是从吴哥城东北方40千米处的布农塔丘陵上的采石场运来的；适逢雨季，工人们则会利用河川来搬运；当泥水工将墙壁砌成之后，便由绘图师描绘图案或图像，再交由雕刻师在上面雕刻，雕完之后，由油漆工在浮雕上涂上石粉或漆，最后贴上金箔并且着上色彩，辉煌灿烂的吴哥窟便诞生了。吴哥窟整座建筑均由大石头一块块砌成，没有钉子、梁柱，充分展示了古高棉人的智慧。

被誉为"吴哥古迹明珠"的女王宫位于吴哥城东北约25千米处，建成于吴哥王朝阇耶跋摩五世元年(公元1002年)。女王宫坐西朝东，中心为三座并列的塔形神祠和左右对称的配殿。每座塔祠的东、南、北各有一门，门高仅1.2米，礼拜者须弯腰屈膝方能入内；每个门前均有守护神石雕一对，两侧墙上还有手持长

矛的武士及仙女的浮雕。塔祠外围三道围塔，内外围墙之间有拱门、镂花石柱和石碑等。整个塔祠群巍峨壮观，建筑奇巧别致，雕刻细腻优美，内容多是记载古代高棉人民的生活情景和抵御外族侵略的战斗场面。1431年吴哥城被暹罗攻陷时，女王宫也遭到破坏。

吴哥城5个城门上方均有一尊巨大的四面佛，面朝东西南北，垂目微笑。不论在哪个角落，朝哪个方向，人们仿佛总能感觉到自己在佛无限宽容的精神的笼罩下。因此，世人称四面佛为"高棉的微笑"。

婆罗浮屠 · *Borobudur* · 印尼

位置 | 印度尼西亚爪哇岛中部一座矩形小山丘上
年代 | 约建于公元8~9世纪
特别点评 | 婆罗门教遗迹，"古代东方四大奇迹"之一

婆罗浮屠的外观有点像埃及的阶梯金字塔。以五层逐渐缩小的正方形和其上的三层圆形台阶组成主体部分，顶端装着巨大的吊钟形佛塔。

几度兴废的佛塔

"婆罗浮屠"意为"千佛坛"，在梵文中可解释为"丘陵上的佛寺"，是举世闻名的历史遗迹。其工程之浩大、建筑之壮观，与中国的长城、埃及的金字塔以及柬埔寨的吴哥遗址被世人共誉为"古代东方的四大奇迹"。婆罗浮屠在1000多年的历史中，经受了许多风雨，曾几度兴废。当年，萨兰德拉王朝的国王为了收藏释迦牟尼的一小部分骨灰，动用10万奴隶，耗费几十年的时间才建成了这座佛塔，一时成为闻名遐迩的佛教圣地。但它究竟建于何时则众说纷纭。有的学者说是建于公元824年，也有人说是建于公元850年。1006年，婆罗浮屠附近的麦地拉火山喷发，引起大地震，周围居民纷纷逃奔他乡，佛塔渐渐荒废。14世纪，随着爪哇岛伊斯兰文化的发展，佛塔更是备受冷落。1814年，英国驻爪哇岛总督发现了这座佛塔的艺术价值，曾进行小规模的清理工作，婆罗浮屠因此重新为世人所知。1973年8月，在联合国文教基金会的援助和国内各界的捐助下，佛塔开始了大规模的修复工程，历时10年，耗资2250万美元，终于完成了重建大业。如今，古趣盎然的婆罗浮屠吸引着无数世界各地的佛教徒和观光游客。

佛塔的建造

佛塔的修建过程分为四期。大约在公元775年的第一期工程中修建了两层平台，但上层建筑没有完工。在公元790年左右，在第一层和第二层的平台上修起了栏杆，从下至上的台阶宽度也统一了标准。此后不久，开始了第三期工程。在此期间，原来的塔基上又铺了12750立方米的碎石，这样做是为了加固地基并且抵消上层建筑的横向坍落。第三期工程还修葺了第一层和第二层回廊的台阶与地面，中央佛塔的残料也被清除平整；同时，又在原处建起了三层细长的平台，每层都有带孔的小佛塔。这样，一座规模庞大的大佛塔巍然耸立起来。在最后一期工程中，新的塔基得到了扩展，每一层平台上的栏杆也有了一点小小的改变。建塔过程中，由于佛塔四周没有大山，人们便利用附近河床水底的卵石。这种石块平均高20厘米，宽30~40厘米，厚不

佛塔的四周环绕着三圈共72座小佛塔，每座小佛塔里都供奉着一尊佛像。

婆罗浮屠佛塔所处山丘，林木丰秀。

到30厘米，完全可以用手搬运。佛塔最显著的特点之一是建造中没有用石灰膏。一些石块靠薄薄的石楔与刻在相邻石块上的双层鸠尾榫接缝契合。后来，人们使用了带突出棱角的石块，因此石块能够极紧密地契合在一起。随后，利用凸榫和榫眼连接的方法普遍用于第一和第二层圆形平台上的带格小塔。此外，上层回廊修建时将具有凹凸接合面的石块作为壁阶按一定间隔砌放，于是建筑被牢牢地固定起来。

构造·雕刻·象征

婆罗浮屠是一座独具特色的塔式建筑，自下而上的十层可分为塔底、塔身和塔顶三大部分。塔底呈方形，周长达120米，塔墙高4米，下面的基石亦高达1.5米，宽3米。塔身共五层平台，越往上越小：第一层平台离地面约7米，形成环绕在佛塔四周的宽平台，其余每层平台依次收缩2米，四周并装栏杆以变平台为走廊。塔顶由三层圆台组成，每一层都由一圈钟形舍利塔环绕，共计72座舍利塔；在这些同一圆心的舍利塔中央，是佛塔本身的半球形圆顶，离地面35米。

婆罗浮屠的雕刻艺术体现于整个建筑设计之中。塔底四面墙上有160幅浮雕，宣传业报轮回、来世解脱。塔身墙上、栏杆上均饰有浮雕，在全长2.5千米的范围里，有上千幅叙事浮雕和装饰浮雕。浮雕上佛陀、菩萨往往与动物飞鸟、舞女乐师、渔民猎人杂处，但画面布局完美，结构和谐；国王、武士和战争也都是雕刻经常表现的题材。婆罗浮屠的雕刻体现了雕刻者的精湛技艺：在布满小孔及微粒的石块上生动地表现出人体肌肤的柔润感。

佛塔的宗教象征性建筑构造，融合概括了佛教大乘佛理。渐次升高的十层，象征菩萨成佛前的十地。塔底代表欲界，此界中人们摆脱不了各种欲望。五层方台代表色界，此界中人们已摒弃各种欲望，但仍有名有形。三个圆台和大圆顶代表无色界，此时人们不再有名有形，永远摆脱了世间一切桎梏。此塔的另一精神意蕴是祖先崇拜：按照当时人的观念，阶梯式住宅建筑是祖先住所的象征。

婆罗浮塔是大乘佛教艺术古建筑，素有"印尼金字塔"之称，对研究印尼历史、文化和艺术具有重要价值。

第三章
古迹文明
Part 3
Historic Civilization

　　文明象征着人类活动在地球上留下的印记，是人类自己创造活动的结果。人类今天所拥有的哲学、科学、文学、艺术等方面的丰富的文化遗产，无不源于古老文明。

　　今天，那些文明的遗痕散落在世界各个角落，为人们留下一窥历史的空间。尽管长城早已失去它本来的防御功能，但依旧以蜿蜒万里的磅礴气势见证着华夏文明的悠久历史；俯瞰两河流域的"通天塔"逃过了映亮人类古代文明的浴火，留下隐而不现的废墟……

　　古迹废墟，记录着曾经的光荣与梦想，昭示着失落文明的沧桑往昔；它的存在使现代人清醒，继而前进。

交河故城 · *The Site of Jiaohe* · 中国

位置	中国新疆吐鲁番以西十余千米处
年代	形成于2300年前的战国时期
特别点评	目前世界上保护得最好的生土建筑遗址

交河故城几乎是一座从地下挖出来的城市。

交河历史

早在2300年前的战国时期，一个称为"车师"也叫"姑师"的民族在交河建立了自己的王国，后称"车师前国"，交河从此成了这一王国的都会。交河名称的由来，最早见于《汉书·西域传》中的记载："车师前国，王治交河。河水分流城下，故称交河。"由于交河一带土地肥沃，易于耕种，所以汉代时这里就成了兵家必争之地。西汉时，中央政府往吐鲁番地区委派"戊己校尉"，设立"交河壁"。北魏至唐初，交河为高昌王国属下一郡。唐西州设立后，交河为西州治下一县。唐朝派驻西域的最高军政机构安西都护府，最初曾设于此城。公元8世纪中叶至公元9世纪中叶，交河曾为吐蕃人占据，后为回鹘高昌王国属下交河州。元末察合台时期，吐鲁番一带连年战火，交河城在两次大的战火中损毁严重，终被废弃。

交河文化

据史料记载，车师前国人口众多、领土广阔、兵力强盛。该国历来民族成分复杂，大月氏、乌孙向西迁移，匈奴由北向南侵入，都要在这东西方交通的十字路口停留，因此，车师故地也就成为多民族聚居的家园和多种文化交汇融合的舞台。

自以交河为中心的车师前国归属汉朝以后，这里一度出现农牧业并举、经济繁荣的局面。反映在文化上，也呈现出多元并存的绚丽景象。崇信佛教的沮渠氏占据了交河以后，交河城开始了向佛国的改建，佛教逐渐成为当地居民的宗教信仰。

"大地上最完美的废墟"

交河故城位于新疆吐鲁番盆地，是一座生土城，南北长约1600米，东西最宽处300米。故城四面临崖，河水环绕其下，现存建筑遗迹达30万平方米，被后人称赞为

这里很可能就是安西都护府衙署旧址。

"大地上最完美的废墟"。贯穿南北的一条中心大道把城区分为东西两部分：东区南部为大型民居区，北部为小型民居区，中部为官署区；西区有民居区和手工作坊。而中心大道北端是一座规模宏伟的寺院，以它为中心构成北部寺院区。我们现在看到的交河故城是其鼎盛时期的规模，大体为唐代的遗存。其建筑多为挖地成院，掏洞成室，夯土为墙，屋宇多为两层，临街不见门窗，穿巷方见大门。交河故城建筑的墙体基础部分是由地表向下挖出生土墙，然后在墙之上用泥团垛筑，这在中国乃至世界建筑史上都十分罕见。交河故城利用所在台地高达数十米的断崖作天然防护，不见一般意义上的城墙，更加易守难攻。故城历时悠久，历经破坏但古代土城仍基本保存完整，其中一个重要原因得益于吐鲁番地区干旱少雨的自然条件。交河故城虽然仅存遗址，但它确实不失为人类建筑史上的杰作。

城门·寺院·墓区

故城四面临崖，在东、西、南侧的悬崖峭壁上建有三座城门。南门是主要的进出口，原建筑已严重破坏。东门保存较好，门道两侧的土崖上耸立着双阙，内壁可见安置门额的对应方洞，门道宽4.1米，门道至河底高约8米，该门是当时城内居民进出的主要通道。西门是在近年来的保护维修工程中被发现的，门临陡崖，地势十分险峻，门道宽1.7米，距河底16.8米，残留较多垒石，设防严密，显示出较强的军事性。

位于故城北部的佛教寺院区由山门、大殿、塔林、僧房、庭院、钟鼓楼、水井等组成。塔林西北方是著名的地下佛教寺院，从遗址表面看，其规模仅次于北部佛寺区。其上部已夷为平地，下部内有残存壁画，曾出土高僧舍利子，由此名噪世界，这有力地说明了交河故城是一座名副其实的佛城。

故城所在台地西侧的沟壑中有一处南北长约3000米、东西宽约1000米的巨大古墓区，墓区上方的崖体上还有上千座崖墓和一处千佛洞。1994年6月，新疆的考古工作者在古墓区发掘出了两座古代车师墓葬，其规模之大、殉马之多在新疆实属罕见。

道路尽头就是故城的佛教大寺院。

长城 · *The Great Wall* · 中国

位置	西起嘉峪关，东到山海关，横贯中国北部九个省、市、自治区
年代	始建于公元前7世纪
特别点评	世界上最长的人工建筑，为"新世界七大奇迹"之一

长城工程浩大，规模宏伟，体现了中华民族的伟大气魄，是中国古代文化的象征。

漫长的修筑史

长城修筑的历史可上溯到西周时期，周王朝为了防御北方游牧民族的袭击，筑城堡"列城"以防御。春秋战国时期列国诸侯争霸，根据各自的防御需要，在自己的边境上修筑起长城。最早建筑的是公元前7世纪的楚长城。公元前221年，秦始皇并灭了六国诸侯，完成了建立中国历史上第一个封建集权统一国家的大业。为了保证统一国家的军事安全和农业生产的安定，防御北方强大游牧民族的侵扰，便大修长城。秦朝除了利用原来燕、赵、秦部分北方长城的基础之外，还增筑扩建了很多部分，"西起临洮，东止辽东，蜿蜒一万余里"，从此便有了"万里长城"的称号。自秦始皇以后，凡是统治中原地区的王朝，几乎都要修筑长城。现今留存的面目较为清晰的是明代修缮的长城。它西起甘肃的嘉峪关旁，东至辽东的鸭绿江畔，全长6300千米。今天我们所说的"万里长城"多指明朝所修筑的长城。

防御体系

长城整个布局有主干，有分支，沿线设立许多障、堡、敌台、烽火台等不同等级、不同形式和不同功能的建筑物，构成了一个完整的防御体系。这个体系中每一个小据点都通过层层军事和行政机构与中央政权机构相联系。从防御角度，长城沿线通常分成几个防区。秦始皇时期，在长城沿线上设立了陇西、雁门、渔阳等12个郡，以管辖长城沿线各地方。明朝为便于防守长城，将其沿线地区划分成九个防守区段，称之为"九边"（即九边重镇），每边设镇守（总兵官）。出于加强京城防务和保护帝陵（今明十三陵）的需要，嘉靖三十年（1551年）朝廷又在北京的西北增设了昌镇和真保镇，构成了"九边十一镇"的防御布局。

长城西端起点嘉峪关

以长城作为历史标尺,可为研究长城沿线地区自然环境的变迁和自然事件提供参考。

关隘·城墙·烽火台

关隘是长城沿线的重要驻兵据点,位置多选择在出入长城的咽喉要道上。整个关隘构造一般由关口的方形或多边形墙垛以及城门、城门楼、瓮城组成,有些还有罗城和护城河。墙垛是长城的主要工程,其上筑有供瞭望和射击的垛口,在内檐墙上筑有高约一米的宇墙(或叫"女墙"),以保护人马不致从墙顶跌落,此外还有上、下城墙的马道和梯道。城门是平时进出关口的通道,门洞内装有巨大的双扇木门。城门上方均筑有1~3层的木结构及砖木结构的城门楼,既是战斗的观察所和指挥所,也是战斗据点。瓮城是在预想敌人主攻方向的城门外,多构筑的一个方形城墙,构成第二道屏障,其作用是增大防御纵深,加强城门的防御能力。罗城是瓮城外的城墙,除能掩护瓮城外,还能掩护内城城墙较长的地段。护城河为长城的又一道防线,是筑城挖掘土方时形成的,后来再引入河水。

城墙是联系雄关、隘口、敌台等的纽带。墙身是防御敌人的主体,墙基平均宽约6.5米,顶部宽5.8米,断面上小下大成梯形,使墙体稳定不易倒塌。城墙结构据当地自然条件而定,主要有夯土墙、垒砌墙、砖砌墙、砖石混合砌墙、石块垒砌墙和用木

材编制的木栅墙、木板墙等。城墙除主体墙身外,上面还有许多构造设施。券门是在墙身里侧一面用砖或石砌成的圆形拱门,守城士兵可由此上下。城台是一座高出城墙顶面一米左右的台子,突出于迎敌方向的墙身以外,外侧砌有垛口。城台根据用途、构筑情况不同又分为墙台和敌台。墙台的台面与城墙顶部高低差不太大,只是凸出一部分于墙外,外侧砌有垛口,供城上守兵平时巡逻放哨之用;台上还建有遮风避雨的简单房屋,叫"铺房"。敌台即骑墙的墩台,高出城墙之上,一般为两层或三层。守城士卒可住在敌台里面,并可储存武器、弹药。八达岭处的敌台多分

上下两层,下层可住十余士卒,四周有窗口供观察和射击,并有木制楼梯直至楼顶。此外,城墙墙面上还有排水沟,用来排除城墙顶部的积水以保护墙身。

烽火台也称作"烽燧"、"烽台"、"烟墩"、"狼烟台"等,是利用烽火、烟气以传递军情的建筑。如遇有敌情,白天燃烟(也可悬挂旗子、敲梆、放炮),夜间燃火(或点上灯笼)。烽火台通常设置在长城内外最易瞭望到的山顶,一般是用土或石砌筑成一个独立的高台,台子上有守望房屋和燃烟放火的设备,台子下面有士卒居住守卫的房屋和羊马圈、仓房等建筑。

古老的长城经过修整,许多区段成为游览胜地。

楼兰古城 · *The Ancient City of Loulan* · 中国

位置 ┃ 中国新疆若羌罗布泊西北岸、孔雀河道南岸7千米处
年代 ┃ 公元前3世纪就已建国
特别点评 ┃ 曾是西域早期丝绸之路上的重要交通枢纽和贸易中转站，后神秘消失

残破的古城无声地诉说着楼兰繁华的往昔。

发现楼兰

上世纪初，瑞典地理学家斯文·赫定向世界刊布，他在沙漠中找到了消失近2000年的古楼兰城，一时间，楼兰古城名声大振。此后的岁月中，罗布泊游移之说、古楼兰文明消失、卫星拍摄的罗布湖大耳朵之谜、罗布人种族之说、神秘的小河墓地等等，成为中外科学家、探险者争论的话题。大批国内外考古学家，地理、地质学者接踵而至，楼兰的神秘面纱被一层层揭开。

楼兰古国

楼兰国的远古历史，至今尚不十分清楚，其名称最早见于《史记·匈奴列传》。据载，大约在公元前3世纪时（相当于秦朝初年），楼兰就已建立了国家，以经营粗放的农业和畜牧业为主，并受月氏王的统治。公元前2世纪后期，原月氏统治地区为匈奴所占，楼兰在摆脱了月氏统治后又为匈奴控制，但匈奴"虽能得其马畜游，而不能统率与之进退"。汉武帝初年，张骞出使西域，借以联络月氏、大宛、乌孙等西域诸国，共击匈奴。此后，汉武帝又不断派使联络西域，汉使的频繁往返，都要路经"当道"的楼兰国。于是楼兰成为西汉政府通往西域，控制丝绸之路的必争之地。汉武帝元封三年（公元前108年），楼兰开始归汉。汉昭帝元凤四年（公元前77年），西汉政府立楼兰在汉的傀儡为王，并更其国名为"鄯善"。鄯善国建立后，楼兰城作为丝绸之路上的重要交通枢纽，继续存在了400年左右。但从总的发展形势来看，自南北朝以

据史载，楼兰佛塔曾有1.4万僧众。如今残存的佛塔成了衡量楼兰规模最明显的参照物。

后，随着西域统治政治、军事、经济形势的变化，以及丝绸之路新线路的开拓，楼兰作为丝路贸易的中转站，已失去了昔日的重要地位。根据史书记载，公元4世纪以后由于孔雀河水的改道，致使位于其下游的楼兰水源枯竭，屯田生产无法进行，楼兰这个丝绸之路上繁华显赫一时的重镇渐渐从历史舞台上无声无息地消失了。

古城遗址·墓葬群

古楼兰遗址散布在一片诡异的雅丹地形之中，包括楼兰城遗址、瓦石峡古城遗址、米兰古城遗址等。"三间房"是楼兰城遗址中规格最高的建筑。自从斯文·赫定发现楼兰古城并在三间房的墙角下发掘出大量珍贵的文书以后，国际上兴起了"楼兰学"的热潮。瓦石峡古城位于若羌县城西部80千米外的瓦石峡乡博孜也尔村西南附近的沙丘中，是古楼兰国的经济重镇。当时，这里的手工业生产就已颇具规模，至今这里仍残留着冶炼金属和烧制器皿的土窑，炉渣堆积如山，遍地皆是陶片、砖块和玻璃碎渣。米兰古城遗址位于若羌县城东80千米处。19世纪，英国人斯坦因曾在此地进行发掘，盗走了塑像、壁画等大批文物。19世纪50年代，新疆生产建设兵团农二师勘探队在这里发现了汉代完整的渠道等水利工程系统和埋在沙漠下的大片良田。据考证，米兰属古楼兰国地域，中国汉代曾在这里屯田。一种有争议的说法认为这里是楼兰国迁都后的新国都。米兰遗址是揭示楼兰古国神秘兴衰的重要史迹，也是史载少见的吐蕃与西域交流的证明。据史书记载，我国古代的著名高僧法显等，在西去天竺或东归的途中曾在这里讲法拜佛。

在罗布泊一个面积2000多平方米、高达六七米的巨大圆形沙丘上，顶部密布着近200根高两三米的棱形木柱和卵圆形立木，这就是小河墓地(楼兰王族墓地)所在地概貌。这些木柱和立木排列有序，以墓地中央一个八棱形、顶部呈尖锥状的木质立柱为中心。这个中心立柱酷似男性生殖器；其南北为对称的立木围栅；再向外，又有一些木柱和立木。立木周围和沙丘上下有许多船形的胡杨木棺，粗略统计，总数在140座以上，绝大部分木棺已被损坏，棺盖散开或脱落，许多棺中有干尸，也有个别干尸散落棺外，暴露于地表。墓地上到

楼兰古城是当年罗布人最后退守的营地，但仍抵挡不住风沙的侵蚀，如今只留下残垣断壁。

处都是干裂的木板、厚毛织物碎片和各种图腾木雕。"太阳墓"(古楼兰盛极一时的高层统治者死后奢华的埋葬方式)遗址位于孔雀河古河道北岸，于1979年冬被发现。古墓有数十座，外表奇特而壮观，每座都是中间用一圈圆形木桩围成的死者墓穴，外面用30厘米高的木桩围成7个圆圈，并组成若干条"射线"，呈太阳放射光芒状，故名"太阳墓"。经测定，"太阳墓"已有3800年的历史。这里还出土了享誉世界、为印欧人种的"楼兰美女"，并发现了近十处古代人类的生活区遗址。一些石球、手制加沙陶片、青铜器碎片、三棱形带翼铜镞等人类遗物，暴露在未被沙丘完全覆盖的黄土地表，还有一些五六千年以前的石刀、石矛、石箭头、细小石叶和石核等。

太阳墓地距今已有3800多年的历史，著名的"楼兰美女"便在此地发现。

罗布泊的雅丹地貌中，高耸的沙丘步步跟随，仿佛一座天然迷宫。楼兰古城便于此发掘。

秦始皇陵 · *Mausoleum of the First Qin Emperor* · 中国

位置 | 中国陕西临潼、骊山脚下
年代 | 始建于公元前246年
特别点评 | 世界上规模最大、结构最奇特、内涵最丰富的帝王陵墓之一

嬴政与陵寝

秦始皇嬴政，生于公元前259年，死于公元前210年，是中国历史上第一个建立统一的中央集权国家的皇帝。秦朝以前的历代帝王都十分重视修建死后的陵寝，秦始皇也不例外，并且将葬礼规模推到空前绝后的顶峰。根据史书记载，秦始皇从13岁继王位后，就开始

秦始皇兵马俑表现出的艺术手法细腻、明快，具有鲜明的个性和强烈的时代特征。

在骊山之麓修建陵园，征调的役夫刑徒最多时达72万，工程延续37年之久，直到死时，陵园尚未完全竣工。汉朝史学家司马迁在《史记·秦始皇本纪》中即对秦陵工程及陵墓内部构造作了详细的记载："穿三泉，下铜而致椁，宫观百官奇器珍怪徒藏满之。令匠作机弩矢，有所穿近者辄射之。以水银为百川江河大海，机相灌输，上具天文，下具地理。以鱼膏为烛，度不灭者久之。"类似的记载，在班固的《汉书》和其他重要史籍中也都可以看到。

地下皇宫

秦始皇陵原名"丽山"或"郦山"。据三国时人说，"坟高五十余丈，周回五里余。"经量算，皇陵高约120米，底边周长2167米，上面种草植树，的确很像一座山。而实际上它是一座豪华的地下宫殿。秦始皇陵整个陵园坐西向东，以封土为中心可分为四个层次，即核心地下宫

兵马俑博物馆外景

城（地宫）以及内城、外城和外城以外，主次分明。整体来看，这座"都城"的城垣由内外两重构成，两座城垣都呈南北向的长方形，相互套合，呈南北长、东西窄的回字形，城墙总长约12千米，与西安的明代城墙长度相近。具体来说，陵园布局的核心是地宫，其他城垣、建筑、陪葬墓、陪葬坑等皆围绕着它。地宫位于内城南半部的封土之下，相当于秦始皇生前的"宫城"，其上有巨大的封土堆，即平常人们所说的秦始皇陵墓，它占据着内城南区2/3的面积。在宫城和内城之间的广大区域分布着许多用于祭祀、陪葬的建筑。这些设施的基本内涵说明这儿相当于秦始皇的"宫廷"。作为重点建设区，这里的地下与地面设施最多，尤其是内城

秦俑坑可以同埃及金字塔和古希腊雕塑相媲美，是世界人类文化的宝贵财富。

南半部较为密集。外城位于内城垣和外城垣之间，是外廓城部分。在外城西区（西内城垣与西外城垣之间的区域）的地面和地下，设施最为密集，象征京城内的厩苑、囿苑及园寺房舍，是为皇帝玩乐游憩等活动服务的。最外围是外城垣之外的地区，这里有众多为建设、陪葬和管护秦始皇陵园而设置的机构、场所和坑池，属于秦始皇陵园的边围。举世闻名的秦始皇兵马俑坑即位于外城垣的东区。

陶俑·铜车马·武器

秦始皇兵马俑一号俑坑的最前端有三列不穿铠甲的轻装步兵俑，均戴盔束发，腿扎绑带，手持强弓劲弩。在俑坑的南北两边沿，分别有一排面南和面北的武士俑，为军阵的左右侧翼，其任务是防止敌军"旁敲侧击"。军

阵的后端，有一列面向西方与大军相背而立的武士横队，为军阵的后卫，主要任务是防止敌人从背后偷袭，以解除部队进军时的后顾之忧。这与古代军事家"末必锐"、"本必鸿"的布阵原则相一致，构成了一个行止有序、进退有据、组织严密、固若金汤的军阵编列。二号坑是一个以步兵为前锋，战车为右翼，骑兵为左翼，车步混编部队居中的多兵种大型军阵。三号坑共出土陶俑66件，武士俑没有按战斗队形编组，而是分布在南北两个厢房，手持仪卫性兵器，面对面夹道排列，属于守卫指挥机关的警卫部队。

秦陵铜车马被誉为中国古代的"青铜之冠"，1980年出土于秦始皇陵西侧，共两乘。秦代金属加工技术的辉煌成就，在秦陵铜车马的制造上集中体现出来。两车各驾四匹骏马，车上各有一名御手，造型十分逼真传神。二车、八马、二人及全套御具，均为青铜铸造，另施彩绘，并有金银饰件。根据对铜马车出土地点

和车辆造型的分析，这可能是秦始皇后妃所乘之车。两车为研究秦代宫廷舆服制度和单辕车系驾方法提供了实物依据。

皇陵内的武器设施构铸之精良也让人叹为观止。出土的一把双刃宝剑甚至经过镀铬处理，直到现在仍然可以砍穿厚重的铠甲。而铜车马上的武器更体现出当时铸造技术的高超水平。其轼前左侧有突出的银质承弓器，上置青铜弓弩一副，是杀伤力很强的远射兵器；其上的配件铜盾牌，高36.2厘米，正面中部纵向鼓起棱脊，背面于脊的中间处铸有桥梁形鼻纽状盾握；所配弓弩臂长39.2厘米，弩机下有一长方形外廓，形状很像现代枪支的扳机。

陶俑与陶马显示出泥塑艺术的精华，为中华民族灿烂的古老文化平添光彩。

特洛伊遗址 · *Historical Site of Troy* · 土耳其

位置 | 土耳其西北的希萨尔里克
年代 | 始建于公元前16世纪左右
特别点评 | 充满神话色彩的古城遗址，曾是小亚细亚地区西北部的文化中心

特洛伊史话

根据公元前9世纪古希腊诗人荷马的史诗《伊利亚特》的描述，公元前13世纪到公元前12世纪的特洛伊是一座富有的城堡，濒临赫勒斯庞特水域。国王普里阿摩斯之子帕里斯出游远洋时来到希腊斯巴达王麦尼劳斯宫做客，受到了麦尼劳斯的盛情款待。但是，帕里斯却把麦尼劳斯美丽的妻子海伦拐回了特洛伊。于是，麦尼劳斯率众首领风聚云集，意欲进兵特洛伊，夺回海伦。经过一番周折，希腊联军登岸特洛伊，兵临城下，但由于特洛伊城池牢固，易守难攻，攻战10年未能如愿。最后英雄奥德赛献计，让士兵烧毁营帐，登上战船离开，造成撤退回国的假象，并故意在城下留了一具巨大的木马。特洛伊人把木马当做战胜品拖进城内。当晚正当特洛伊人酣歌畅饮欢庆胜利的时候，藏在木马中的希腊士兵悄悄溜出，打开城门，放进早已埋伏在城外的希腊军队，结果一夜之间特洛伊化为废墟。荷马史诗叙述的这段事迹，成为西方国家文学艺术中传诵不绝的名篇。

特洛伊木马使土耳其的历史更加引人入胜。

寻找特洛伊

考古学家和历史学家长期搜寻着达达尼尔海峡以南一处历史上被称为"特洛阿"的地区，试图找到特洛伊城遗址。大部分的人将焦点集中在希萨尔里克的一座小山丘上，其位置与荷马笔下特洛伊城的地理位置大致相符。德国考古学家谢里曼坚信史诗中记载的特洛伊战争是真实的，立志要找到古城特洛伊。1870年至1890年间，他在希萨尔里克发现了古城墙、街道及墓葬等大批珍贵遗迹，证明了特洛伊城的存在和荷马史诗的历史真实性，在西方引起极大轰动。史学界普遍的看法是，历史上确实存在过荷马史诗中的特洛伊城。这座古城始建于公元前16世纪左右，位于小亚细亚半岛西端赫勒斯湾海峡东面的希洛克地区。由于它地处欧洲和亚洲商业交通要道，因而日趋繁荣，在公元前13世纪到公元前12世纪盛极一时。当时，希腊各部落中贵族分子越来越多，部落的膨胀导致向外扩张，他们扩张的方向便是东进侵入小亚细亚，而特洛伊则首当其冲，于是特洛伊战争就不可避免地发生了。

瓶画——《特洛伊掠夺》

遗址分层·黄金宝藏

考古学家将特洛伊城遗址的文化堆积分作九层。从最下面的第一层向上到第五层属青铜时代早期，年代约为公元前3000到前1900（或前1800年），有城堡、王宫等建筑，这时的特洛伊已是小亚细亚地区西北部的文化中心。第六层所处时期约为公元前1900（或前1800年）到前1200年，这时的北方草原民族入主特洛伊，城内有许多贵族住宅，这一时期的城市毁于地震。第七层约公元前1200到前1100年，相当于特洛伊战争爆发的年代，前期在文化上继承了第六层的传统，后期发生变化，居民可能来自欧洲。第七层和第八层之间的400年间无人类活动痕迹。最上面的第八层和第九层属于希腊人居住时期、希腊化时期和罗马统治时期。公元4世纪，君士坦丁堡城建立，特洛伊城逐渐湮没。

1873年6月，谢里曼在遗址中发现了金器，并将遗址中清理出的金器一一转移，其中包括金王冠两顶以及许多金片、神像、珠宝首饰等，总共将近9000件。当初土耳其政府给谢里曼发放挖掘许可证的前提是发掘出的文物必须有半数上交，而谢里曼却违背规定，将特洛伊的宝物悉数偷偷运出土耳其。谢里曼本想将这些珍宝在《荷马史诗》的故乡希腊展出，但希腊政府在土耳其政府的压力下，拒绝接受这批宝藏。谢里曼便将它们送到英国伦敦的博物馆，希望因此受封，但也没能达成愿望。最后，这批宝藏被运到了德国柏林。半个世纪后，第二次世界大战爆发，原来收藏在柏林博物馆的特洛伊珍宝神秘消失。直至1996年，在俄罗斯普希金博物馆的一次展览上，特洛伊珍宝才重见天日。人们至此方知，那些珍宝早已在二战结束时被秘密运到了莫斯科。德国、土耳其、希腊、俄罗斯都声称这笔财富应归自己所有，特洛伊珍宝成为最有争议的宝藏。但对于宝藏的发现者谢里曼而言，最重要的意义在于，他的传奇发现向世界展示了一段失落的人类文明。

特洛伊地区发掘的古代剧场遗址

波斯波利斯 · *Persepolis* · 伊朗

位置 | 伊朗南部的法尔斯
年代 | 约建于公元前515年
特别点评 | 象征着波斯帝国的辉煌文明

波斯波利斯遗留下来的是一片气势雄伟的建筑，背靠着光秃秃的赫马特山，雄踞在高出平原15米的天然石平台上。

古城兴衰

波斯波利斯是波斯阿契美尼德王朝都城，在今伊朗法尔斯省设拉子城东北约42千米处，曾是波斯帝国行政、宗教和经济中心，约建成于公元前515到前513年大流士一世在位期间。大流士一世开创了波斯帝国最辉煌、强盛的时代，他亲自率军征战，建立了一个西起尼罗河，东至印度河的庞大帝国。这时候，大流士一世决定建造一座与自己的帝国实力相称的新都城。这个规模庞大的工程，从大流士本人在位时开始，经过他和儿子薛西斯、孙子阿尔塔三代的努力，最终完成。公元前330年，亚历山大大帝攻占了这个庞大的都城，在疯狂的掠夺之后无情地将整个城市付之一炬。传说他"动用了1万头骡子和5000匹骆驼才将所有的财宝运走"。然后那些用黎巴嫩雪松制作的精美圆柱、柱头和横梁熊熊燃烧起来，屋顶坠落，烟灰和燃屑像雷阵雨一样纷纷落在地上；大火过后，只剩下石刻的柱子、门框和雕塑品依然完好。波斯波利斯在经受了这场大火之后，渐渐地被人遗忘了。历史上有一种说法，认为亚历山大大帝是为了报复波斯人对雅典卫城的劫掠才下命令烧掉波斯波利斯的，但并无证据证明这一毁坏是有意的。

波斯波利斯巨大的动物雕饰

波斯波利斯全观

波斯波利斯坐落在一座长460米、宽275米的平台上，平台外边整齐地砌着巨大的石板，石板间用铁钩固定，紧密相连。平台高15米，相当于我们今天的三四层楼高，整个建筑群建在这样高的平台上，显示出威严庄重的宏伟气势。当初，大流士一世只完成了大流士一世宫殿、宝库、觐见大殿、三宫门等建筑，其余部分则是继大流士一世之后的两位君主逐渐修建完成的。其中，薛西斯一世时期建造了大部分的波斯波利斯；而阿尔塔时期，这座象征着波斯帝国辉煌文明的伟大城邦终于完成。从此，它庄严地耸立在波斯平原上，不仅是世界上最强大帝国的心脏，而且是存储帝国财富的巨大宝库。

觐见大殿·平台浮雕

觐见大殿又称"阿婆陀那"，是波斯波利斯的正殿，也是帝王用来接见朝贡团的地方。殿内大厅呈正方形，每边长达61米，估计可以容纳万余人。大厅

内有石柱36根，大厅外的前廊和左右侧廊各有石柱12根，共计72根。这些石柱高18米，柱头有公牛雕饰，它们的作用是用来支撑屋顶。根据传说，大流士一世曾将大量的货币和文书埋于大殿地下。

波斯波利斯最引人注目的一个亮点，是作为整个建筑支撑体平台上的那些石刻浅浮雕。这些石雕刻画了波斯帝国民族服饰各异的朝贡者列队前进的场面。那时的波斯帝国共有35个属国，23个民族。浮雕上来自不同属国和民族的朝贡团，或是手捧金银珠宝，或是牵着狮子、麒麟、双峰骆驼等等，反映了波斯帝国繁荣

昌盛的景象，显示了波斯帝国的强大威严。来自波斯帝国和其他远方国家的艺术家，都为浮雕作出了巨大的贡献。据有限的文件记载，这些艺术家包括埃及人、爱奥尼亚的希腊人以及现在被称为"西土耳其人"的加勒比人、巴比伦人和赫梯人。令人吃惊和赞叹的是，虽然雕刻过程很长，但是，在最早雕刻的人像和最晚雕刻的人像之间，几乎找不到任何差异。这种别具匠心的统一风格和当时希腊的其他雕刻时尚恰恰相反。他们的目的可能在于强调波斯帝国的完美和不朽。

遗址石柱柱身上刻着垂直的凹槽，大量鲜亮的涂饰、精致的瓦片、纯金银、象牙以及大理石材料被采用，体现了古希腊与埃及艺术的融合。

平台阶梯上的波斯士兵浮雕

巴比伦古城 · *Babylon* · 伊拉克

位置 ｜ 伊拉克巴格达东南
年代 ｜ 约建于公元前1800年
特别点评 ｜ 世界四大文明古国之一，其"空中花园"是"古代世界七大奇迹"之一

空中花园遗址

兴衰巴比伦

巴比伦古城约建于公元前1800年至公元前600年，是古巴比伦文化的结晶和象征。巴比伦王国的领域主要在伊拉克境内，古巴比伦和新巴比伦两个强盛王国先后在此建都，亚历山大大帝也曾一度定都于此。因此，这里成为当时两河流域的政治、经济和文化中心。古巴比伦最杰出的国王是第六位国王汉谟拉比，他统一了两河流域中下游地区，是一位智慧英明、具有雄才大略的政治家。汉谟拉比登上王位后，重视农业，开发水利，振兴经济，使巴比伦帝国日益兴盛。在巴比伦城，他兴建了宏伟的神庙，架建了横跨幼发拉底河的大桥，还制造了能够跨海运输的大商船。这一切使巴比伦城成为一个极具实力的世界性都市。新巴比伦王国以尼布甲尼撒二世在位时国势最为强盛，此时的巴比伦城建有宏伟的宫殿、辉煌的庙宇、高耸的楼台以及用釉砖装饰的墙壁。公元前539年，波斯人占领巴比伦城，巴比伦城开始失去往日的辉煌。此后，从马其顿的亚历山大进入巴比伦到塞琉西王朝时期，巴比伦开始沙漠化，城市居民也逐渐离去。再后来，滚滚黄沙完全掩埋了昔日辉煌无比的巴比伦城。直到20世纪

当时的巴比伦城面积广阔，幼发拉底河自北而南贯穿全城。

汉漠拉比头像

初，这颗被掩埋了将近2600年的两河"明珠"才被考古学家发掘出来重见天日。

古城墙·空中花园·通天塔

巴比伦城修筑得如同堡垒一般，有内外两道城墙。外城墙长达16千米，用砖砌成，城墙端面建有各种塔楼和较小的战碉和箭孔；内城墙由内外两道砖砌的城墙构成，城墙顶上那条足以让一辆驷马战车自由转向的宽道，对于危险逼近时迅速调动兵力至关重要。由于内墙高于外墙，因此入侵者得攻克两道关卡才能进入，这使整个巴比伦城固若金汤。虽然如此，它终究没能挡住波斯人和希腊人入侵的铁骑。而对城墙最大的威胁，恰恰是幼发拉底河本身。巴比伦城内有一个用于防洪和提供居民用水及护城河水源的湖泊，沿着湖岸建有附墙，门闸控制着护城河和城内水道的进水口。公元前539年，波斯王利用湖水的涨落，等到水平面降到可以渡过的时候，他的军队便冲过来攻入巴比伦，出其不意地攻克了这座城市，巴比伦帝国终于灭亡。

巴比伦空中花园亦称"悬苑"，是尼布甲尼撒二世在位时为取悦他的妃子阿米蒂斯而修建的，也是"古代世界七大奇迹"之一。阿米蒂斯是当时米底王齐亚库萨雷的女儿，由于她来自山区，适应不了气候炎热、缺树少花的巴比伦生活环境，因此经常怀念绿水青山、草木繁茂的家乡。尼布甲尼撒二世为了给她消愁解闷，便模仿她故乡的风光并结合当时盛行的宗教建筑大神坛，造起了这座别具风格的宫殿建筑。由于宫殿内有石头喷泉和梯形高地，树木种在高地上，因此形成了所谓的"空中花园"。一些希腊文献中更加详细地记述了这一胜景：花园里建有一层一层的台阶，每层台阶就成了一个小花园；花园与花园之间还建有可以纳凉的小屋；花园石柱支撑着由椰枣树干制成的木梁，这些木梁非但没有腐烂，反而为上面花园里生长的树根提供了养分；整个花园用巧夺天工的喷泉和水渠网来灌溉。空中花园建筑虽然比不上巴比伦城墙那样雄伟高大，更不如金字塔那样气势壮观，但作为一种精巧华丽的古代建筑则是出类拔萃的，仅凭它成功地采用了防止高层建筑渗水的方法也足以使它闻名遐迩了。所以，史书中人们总是用"鬼斧神工"、"巧夺天工"之类的美妙字眼来形容这块凝聚着古代伊拉克人民心血和智慧的瑰宝。

《旧约》上说：人类的祖先最初讲的是同一种语言；他们在底格里斯河和幼发拉底河之间发现了一块非常肥沃的土地，于是就在那里定居下来；后来，他们的日子越过越好，决定修建一座可以通到天上去的高塔，取名"巴别塔"；当高高的塔顶冲入云霄，上帝耶和华立即从天国下凡视察；上帝一看到此塔，又惊又恐，认为这是人类的虚荣心在作祟，便决定让世间的语言发生混乱，使人们相互间言语不通，于是塔也无法建造了。虽然这只是一个传说，但古老神秘的巴比伦城也确实存在着一座"巴别塔"，这就是著名的巴比伦通天塔。巴比伦城里最早的通天塔，在公元前689年亚述国王赫那里布攻占巴比伦时就被破坏了。新巴比伦王国建立后，尼布甲尼撒二世下令重建通天塔。据说建筑这项浩大的工程，用砖就达5800万块，从中不难想像通天塔的雄伟壮丽。公元前539年，波斯王攻下巴比伦，他被通天塔的雄伟折服，一反征服者的破坏习惯，保留下了这座塔。

"巴别"，巴比伦语意即"神的大门"。这是尼德兰画家彼得·勃鲁盖尔笔下的巴别塔。

巴尔米拉遗址 · *The Site of Palmyra* · 叙利亚

位置 | 叙利亚中部，地中海东岸和幼发拉底河之间沙漠边缘的绿洲上

年代 | 公元前1世纪已经存在，兴盛于公元3世纪

特别点评 | 叙利亚境内丝绸之路上的一座古城，曾是波斯湾到地中海途中的重要城市

"巴尔米拉"取自希腊语"椰枣"，曾是古丝绸之路上最繁荣、最有文化底蕴的一座绿洲城市。

女王的传奇

公元1世纪时，巴尔米拉已是一个享有自治权的城邦，具有国家的职能。由于巴尔米拉居于东西方商贸通道上，中国的丝绸和阿拉伯的香料由此运往西方，而西方的玻璃器皿也由此运往东方。巴尔米拉对过境商队均按章收税。随着税收的增加，城邦日渐富裕，有了余力来建设城市，加上巴尔米拉有充足的水源，故成为商贾云集的地方。公元2~3世纪，这个沙漠里的都会成为当时世界上最富庶的城市之一。富裕起来的城邦遭到了强大的波斯帝国和罗马帝国的觊觎。公元267年，巴尔米拉国王遭到暗杀，他的遗孀扎努比亚代幼子摄政，自封为"东方女王"。她是一个能运筹帷幄的杰出人物。在她的统治下，国家的疆域不断向外扩展，使整个埃及和小亚细亚大部分的地方都归入了王国版图。巴尔米拉的强大立即引起罗马帝国的警惕，罗马人的铁骑迈向了巴尔米拉。巴尔米拉城池被罗马士兵攻破，女王被俘。据说她戴着黄金制成的脚镣手铐在罗马大街上游行示众，后来死于狱中。罗马人洗城抢掠之后，一把火烧掉了这座名城。巴尔米拉昙花一现的光荣历史就此告终。而今，叙利亚货币上女王的头像则是后世对她表达景仰的一种方式。

巴尔米拉城的古罗马剧场

伟大的废墟

1957年，在叙利亚沙漠地带的石油管道工程附近，施工人员偶然发现了一处地下墓穴。辉煌的巴尔米拉历史便在人们毫无准备的情况下，突然敞开了它深邃的大门。由于巴尔米拉地处几种文化的交汇处，其文化呈现出多元化的特点，艺术和建筑既有古希腊、古罗马恢弘大气的风格，又有本地传统和波斯文化的神秘与华丽。巴尔米拉废墟至今还保存有中央大街、石刻凯旋门、贝勒神庙、太阳城大殿、王宫和雕像等遗迹。这些美丽的文明残骸散布在荒凉的沙漠中，矗立在道路两旁的750根石柱骄傲地高昂着头，向今天的人们展示着昔日的风光。

成百上千的石柱沿着地平线自西向东伸展。

神庙·大街·地下墓室

古城南部耸立着雄伟的贝勒神庙,神庙建于公元32年,其三座殿堂呈U形分布,围成一座广场。神庙正面有扶墙柱,长方形窗户上方有三角形装饰,15米高的圆柱环绕在神殿四周。主殿是整个贝勒神庙的至高点,用来举行神圣的祭祀活动以及庆典,在主殿前面设有祭祀神坛以及施洗盆。主殿四周有柱廊环绕,铜制的柱头已经不知去向,只有石头的柱身依然挺立。连接着神殿和柱廊的石灰石柱梁上装饰有大量浮雕,这些浮雕刻画了神以及众多门徒的形象。其中最杰出的一幅浮雕反映的是一匹骆驼驮着贝勒神像在身着民族服装的人群前经过,一群妇女在其后低头跟随的场景。主殿内有两个相对的小祈祷室,每一个都带有华丽精美

的装饰:左边的一个饰有黄道十二宫的图案,右边的则有明显的几何图案。这两个小祈祷室充分体现了巴尔米拉建筑中典型的阿拉伯和叙利亚风格。据有关专家对建筑及其装饰的研究分析表明,巴尔米拉文明比罗马文明出现得更早,在受到古希腊和古罗马文化影响之前,巴尔米拉的建筑与装饰就已经被入侵者模仿和实践了。巴尔米拉人信奉多神教,祭祀天神、太阳神、月亮神、星神、战神等等,而贝勒神为众神之首,故而贝勒神庙具有崇高的权威地位。神庙里的祭司不仅负责祭祀活动,还参与城邦的政治社会事务,对国家起着举足轻重的作用。

在城中曲道圆廊处有宫殿残墙,一条斑驳的古道通向大殿深处,这就是著名的巴尔米拉大街。大街建于公元2世纪哈德良皇帝统治时期,全长1600米,皆为石方铺面。与石道并行的是横贯城市的天廊水道。这种天廊水道建筑奇丽,气势宏大。一根根间隔10米的浮雕石柱高10米,直径达1米。据传,其中的一些石料采自埃及阿斯旺。石柱横托起沉重的青石水槽,槽下柱顶处嵌着华灯油座,石槽横悬在10米高空,相连成一条巨龙,偃卧在蓝天白云里,十分壮观。长长的廊柱,高大的门和门廊式街道是巴尔米拉城的特色,也是最让人神往的地方。

这座古城有一个庞大的地下墓室,这个地下墓室非常大,能容纳200多人,需经过分成几段的阶梯方能进入。这座地下墓室里面曾摆设着死者半身塑像,现在已被搬离了墓室,陈列在世界的几个著名博物馆内。

2000年前,巴尔米拉作为叙利亚、巴比伦和罗马之间的贸易中转站。

斯通亨奇巨石阵 · *Stonehenge* · 英国

位置 ｜ 英国威尔特郡
年代 ｜ 约建于公元前3100年
特别点评 ｜ 世界最著名的巨石建筑群落，显示了古人非凡的数学才能和建筑能力

巨石遗迹

在伦敦西南的索尔兹伯里平原上，孤零零地伫立着一些拔地而起的、巍峨壮观而又堆垒有序的巨石，这些奇特的巨石就是闻名世界的、神秘的史前遗迹——斯通亨奇巨石阵。它们一根一根地矗立在地面上，其中有些柱顶之间还横架着大石板，犹如一座座空中天桥。单从石柱群本身来看，它们像一个个巨人屹立在那里，显得非常壮观。再看石柱群的影子，当太阳从东方地平线上冉冉升起时，由于太阳的斜射，一条又一条石柱的影子躺在大地上，纵横交错，构成十分奇妙的图案。

巨石阵的修建

考古证明，巨石阵的修建是分几个不同阶段完成的。大约在公元前3100年，巨石阵第一阶段的修建开始了。人们先挖了一道环形旱沟，在沟的外侧斜置了一块石块，在环沟内侧修建了土坛，坛中有56个土坑，并用蓝砂岩排列成两个圆圈，构成巨石阵的雏形。在公元前2100年到公元前1900年，人们修建了通往石柱群中央部位的道路，又建成了规模庞大的巨石阵，形成了夏至观日出的轴线。人们以巨石作柱，上面横一巨石作楣，构成直径为30米的圆圈。圆圈内是呈马蹄形的巨石牌坊。

整个巨石阵体现了高超的土石建筑技术，且巧妙地暗合了天文学知识。

其后500年间，人们不厌其烦地多次重新排列这些巨石的位置，并形成了今天大致能看出的格局。

夏至日朝圣

在英国人的心目中，巨石阵是一处非常古老而又十分神圣的地方。每年的夏至日，人们都会自发前来这里进行朝圣。巨石在苍穹下散发着威严的气势，促使人们跪拜在石下，祈求神秘的力量庇佑自己。夏至日的神圣活动源自公元前2世纪。那时，凯尔特人从欧洲大陆移居到不列颠岛。从1781年起，凯尔特巫师团重新于每年夏至来到这里，并在黎明时分举行古老的祭祀仪式。如今，这种仪式吸引了许多现代人不辞劳苦地来到这里。人们在开满野花的草

夏至日的巨石阵在英国人的心目中，是非常古老而神圣的地方。

这些高耸的巨石群落已经在旷野上耸立了数千年。

地上支起许多帐篷，燃起篝火，围着巨柱狂欢，甚至爬上石塔顶部高歌。但是1984年夏至，巨石阵周围众多游人的露宿引起了英国文物保护部门的担忧。情急之下，英国政府下令禁止夏至日在石柱周围狂欢和祭祀。然而，第二年夏至却有更多的人来到这里，他们与封锁交通的警察发生暴力冲突，仅被捕者就有500人之多。1986年则发生了更加严重的冲突。1987年夏至，英政府被迫取消了这项禁令，祭祀仪式重新恢复了。

同心圆·猜测

石阵的主体由一根根巨大的石柱排列成几个完整的同心圆。外围是直径约90米的环形土岗和沟。紧靠着土岗的内侧由56个等距离的坑构成又一个圆，坑用石灰土填满。这些坑是由17世纪巨石阵的考察者约翰·奥布里发现的，故被称为"奥布里坑群"。

坑群内圈竖立着两排蓝砂岩石柱，现已残缺不全，有的只留有原来的痕迹。巨石阵最壮观的部分是石阵中心的砂岩圈。它是由30根石柱上架横梁，彼此之间用榫头、榫根相联，从而形成的一个封闭圆圈。砂岩圈内部是五组砂岩石塔，排列成一个个马蹄形，也称为"拱门"。组成拱门的两根巨大的石柱，每根重达50吨，另有一块约10吨重的横梁嵌合在石柱顶上。这个巨石排列成的马蹄形恰好位于整个巨石阵的中心线上，马蹄形的开口正对着仲夏日出的方向。

人们对巨石阵有各种各样的猜测：它是一个举行宗教仪式和葬礼的中心，还是一个预测天文的观象台，甚或是外星人竖立的建筑物？几百年来，学者们从巫术、宗教和科学等角度对巨石阵的用处做了各种各样的推测与解释。每当日落时分，在岩石和周围的地面上都会产生一些不同寻常的影子，而且组成各个同心圆的拱门全部都朝向太阳，因此有人认为巨石阵最初很有可能是一个天文观象台。还有的推断认

为，由于不同的民族相继完成这个建筑，同时又缺少施工的连续性，因此在经过若干年之后，最后的建造者们对于兴建这一建筑的初衷也已经模糊。所以，巨石阵很有可能已经从一个用于天文观测的场所逐渐演变成了一个纪念物或者用于祭祀（甚至行刑）的地方。对种种疑问的最好回答似乎仍然是英国19世纪名相格莱顿的一句名言："这是一座崇高的、令人敬畏的古迹，它诉说着许多事情，同时又告诉人们，它隐藏着更多的事情。"

巨石阵的石柱上端架着厚重的石楣，相连的石楣也紧密地构成圆圈，形成奇特的柱顶盘。

庞贝古城 · *Pompeii* · 意大利

位置 | 意大利那不勒斯海湾附近，维苏威火山脚下
年代 | 约始建于公元前9世纪
特别点评 | 因火山爆发而被掩埋的城市，如今成为古罗马文明最有意义的见证

有谁会想到，如今平静的维苏威火山竟埋葬了整整一座庞贝古城。

火山下的城市

庞贝古城始建于公元前9世纪，起初是作为防御外族侵略的屏障而建。但随着几百年的战争、民族融合以及对大希腊文化的吸收，庞贝不断地扩张着势力范围。公元前80年，庞贝成为罗马帝国的殖民地，继续扩张并在各个领域向前发展，尤其是经济领域。这主要得益于它优越的地理位置及肥沃的土地。经济的发展和繁荣使庞贝的人口显著增长，城市文明不断进步。公元79年8月24日凌晨，庞贝附近的维苏威火山突然爆发。火山喷出的大量火山灰、熔岩和火山砾从天而降，向着庞贝倾泻

而来，覆盖了整座城市的每一条街道，密不透风地封堵住庞贝古城中每一扇门、每一扇窗，封堵住那些在砾石的袭击中侥幸逃出房子的庞贝人的眼睛和胸腔，令他们最终因窒息而死；另有一部分争相逃命的居民，在通向海滨的路上因吸入有毒气体也窒息而死。仅仅经过了18个小时，火山喷出物便将整个庞贝古城彻底掩埋，庞贝从地球上消失了。直到17世纪，一位建筑师在维苏威火山附近修造水渠，无意中发现了掩埋于地下的庞贝石刻，大规模发掘工作就此展开。

庞贝的建筑

公元前4世纪时，庞贝古城向外扩展，建成直交式城市布局。公元前2世纪，庞贝古城凭借产量丰足的葡萄酒和橄榄油的贸易出口，进入了一个繁盛时期。这时庞贝古城的公共建筑有了明显的增加，建于这个时期的公共建筑有朱庇特神庙和巴西里卡大会堂。此后一段时间庞贝的经济一直持续兴旺，建起了诸如小剧场、圆形剧场这样一些大型公共建筑。罗马帝国初期，庞贝出现了一批具有宗教色彩的建筑物，如欧玛齐娅楼、奥古斯都福祉庙等。为了适应人口增长对住宅的需求，庞贝甚至出现了四层楼的民居建筑。庞贝遗址还保留了许多当时充满生机和活力的店铺、商行和手工作坊等经营用房。这些房屋经常和业主的住宅建在一起，前边是铺面，后边以及楼上是住所。

庞贝的罗马竞技场

海门是庞贝数座城门中最年轻的一座，因面朝大海而得名。它有两条拱形通道，一条走人，一条走牲口和车辆。

神庙·大会堂

在庞贝人心目中，神是无处不在的，因此，他们在城内修建了大量的神庙建筑。阿波罗神庙是城中占地最广阔的建筑。庞贝人认为，阿波罗不仅主管光明、青春、医药、畜牧、音乐、诗歌，而且代表主神宣召神谕，预言未来。现在，庙宇虽已毁坏，但其48根庙柱和宏伟的台阶，仍能让人感受到神庙昔日的辉煌气势。传说中罗马人的祖先埃涅阿斯的母亲爱神维纳斯，在庞贝人的心目中也占有较高位置，因此爱神庙的规模也不小。从原始状态进入文明社会以后，唯一能够维持罗马"国家"精神力量的就是先祖神话，以及对"当代"皇帝的半神崇拜。于是，庞贝城里的公共家神（佩纳特斯）庙、罗马主神朱庇特神庙和纪念皇帝的庙宇，规模也较大。

庞贝被摧毁之时，全城不过两万人口。然而，位于市中心的大会堂却是一座可以容纳数千人的规模庞大的公共建筑。大会堂在城市的政治、经济生活中占有头等重要的地位。人们在这里举行大规模的行政集会，公开进行法律审判，发布法令、训示，城市一些重要的法律、经济问题，也在这里讨论解决。在会堂的墙壁上，绘有许多希腊风格的装饰画。最有研究价值的是那些刻写在墙壁上的形形色色的题铭，有讽刺性的内容，有幽默的言语，有政治见解，也有色情的表露，反映了当时庞贝人开放而活跃的公共生活。

浴场·剧院

庞贝城内有三座公共浴场，斯塔比亚浴场为其中最古老的一座。这个浴场相当古雅，建于公元前2世纪，内有更衣室、微温浴室、游泳池等，是庞贝城内三座浴场中保留得最好的一座。浴室长廊中圆柱成列，室内墙上的雕塑非常细致，连浴室内一个大理石浴盆也是价值连城。浴室内双层设计结构的地板，使下方冒出的蒸汽保持了浴场内的温度。据说，当年在这儿出入的多为政要和城中的一些重要人物。

庞贝城里有多座剧场，与罗马的一样为圆形大剧场。其中用作角斗的圆形竞技场比著名的罗马大竞技场所建年代还要早。这里主要表演角斗，包括人与人、人与兽之间的角斗，有时也举行体育赛事。圆形剧场外围的围墙高达两米多，墙上绘有许多狩猎、竞技的壁画，反映出当年人们的生活状态。城市里还有另外一大一小两个剧场，多用于戏剧和音乐演出。

大会堂遗址

阿尔塔米拉洞窟 · *Altamira Cave* · 西班牙

位置	西班牙桑德
年代	约建于3.2万年前
特别点评	史前人类活动的遗迹，为南欧旧石器时代晚期文明提供了绝好的证明

有人认为绘图所用颜料是一种脂肪状的东西。

备受质疑的发现

阿尔塔米拉洞窟的壁画是1869年由考古学家索图拉及他的次女玛丽亚发现的，挖掘工作开始于1875年。索图拉是西班牙北部海岸城市坎特伯雷的一个庄园主，也是一位非常喜欢探索新知的人。索图拉爱好收藏原始雕像，并经常在坎特伯雷地区的洞穴中搜寻。1869年11月，他带着小女儿玛丽亚来到以前曾经来过的一个位于阿尔塔米拉的洞穴。当他蹲在地上埋头寻找可能被掩埋的宝藏时，玛丽亚漫无目的地在洞里闲逛。无意之中她做了一件自从此洞被发现以来其他造访者都没做过的事情——她抬起头，惊喜地喊道："爸爸，快来看，牛，画着的牛！"索图拉顺着女儿的目光望去，一组石器时代的野牛绘画出现在眼前：每一幅都超过1.5米长；这群野牛图案中的一些牛身体蜷曲着，似乎已经死了，其他则全都向外站立，面对着一群人形。索图拉马上发现这些画与他收集的小雕像风格有些类似，并且凭着直觉

壁画中不同动物的各自特点体现出令人惊叹不已的自然主义风格。

认为这些画是1.5万年前画成的。他成为现代史上第一位真正理解克鲁马努(最初出现的新人)最出色的艺术成就的人。遗憾的是索图拉不是一位权威的考古学家。他所生活的那个时期，几乎所有石器时代的重要发现都集中在法国东南部。不仅如此，由于当时的科学界刚刚极不情愿地接受了原始人能雕刻这个事实，因此更不愿意承认他们还会绘画。索图拉的新发现遭到一些"权威人士"的怀疑、嘲笑，并被指责为欺骗，他们甚至拒绝亲自来这个洞看看这些绘画。1888年，索图拉在绝望中死去。此后，人们又陆续发现了几处洞穴绘画，每一处在发现之初，都被学术界草率地判断为出自儿童或伪艺术家之手。1902年，索图拉去世14年后，考古学家比·亨利·布罗伊尔造访了索图拉发现的那处洞穴，并从地下掘出一些动物骨头，看来洞顶壁画并非索图拉伪造，确实是远古人类的创作。学术界这才接受了这个毋需置疑的结论：远古人确实曾在遍布法国东南部和西班牙北部的洞穴中留下了伟大的绘画作品。

画作·颜料·神秘图腾

阿尔塔米拉洞窟被开凿在石灰岩上，长约270米，深邃而曲折。壁画集中在长18米、宽9米的入口处，据考证为旧石器时代晚

岩壁上的野牛栩栩如生。

期的古人绘画遗迹。洞内有史前人睡觉的地方及烧烤食物、生火取暖的石灶，灶底余烬痕迹清晰可辨。洞壁上的壁画多是简单草图，一些动物形象十分高大，例如一头鹿身长2.2米。洞顶的动物画像，如野牛、野马、野猪、猛犸、山羊、赤鹿等，多以写实、粗犷和重彩的手法加以刻画，这些原始人熟悉的动物形象，有站、有跑、有卧、有叫，千姿百态，栩栩如生。

壁画尤其突出的是作者细腻的笔法和用红、黄、黑等有限的颜色画出的各种各样的动物的鬃毛，又巧妙利用岩洞内凹凸不平的洞壁表现动物的形态，产生出了惊人的艺术效果。据研究，这些色彩浓重、艳丽夺目的壁画颜料取自矿物质、炭灰、动物血和土壤，并掺和动物油脂。这些山洞壁画达到史前艺术高峰，具有很高的历史和艺术价值，被称作"史前艺术的西斯廷教堂"。这些岩洞壁画到今天都被保存得相当完好，这是因为洞中的温度和湿度恒定不变，通风状况恰到好处，而且空气中的湿度使得绘画颜料不致因干燥而剥落。此外，塌落的岩石阻住洞口，使它几个

世纪以来一直处于与世隔绝的状态，也自然地保护了这些壁画。

阿尔塔米拉洞窟的美术图案都以动物为主体，包括猎物和野兽，人形很少出现，即使偶尔出现，也与现实主义的人物绘画不同，大都充满神秘色彩，以半人半兽的形象出现，或者具有其他神秘特征。这些画不是为了艺术而作，也不是作为艺术而被欣赏的，它们可能具有其他的象征意义。也许画中的动物是某个原始部落的图腾，也许作者是想通过描绘和操纵它们的形象来对这种动物施以神秘的控制。有些人认为这些绘画是描写狩猎场面，为的是传递关于狩猎技术的信息；有些人则认为它们是巫师所作。答案到底是什么，至今难以定论。

第一批发现的壁画艺术高超，保存完好，曾一度引起专家们的怀疑。

雅典卫城 · *Acropolis of Athens* · 希腊

位置	希腊雅典城中心
年代	约建于公元前5世纪
特别点评	祭祀雅典保护神——雅典娜的圣地，希腊的文化中心

"胜利之城"

雅典是希腊的首都，位于希腊南部阿梯卡半岛的西南，面积470平方千米，人口500万，是希腊的政治和文化中心。"雅典"一名源自城市的保护神雅典娜，即"胜利女神"。古希腊神话中，女神雅典娜和海神波赛冬都想当这个城市的保护神，两人争执不下，最后只好由市民决定，而市民选择了雅典娜，城市也因此得名。古雅典人热爱知识，这片土地上名人辈出：哲人苏格拉底、柏拉图等，他们都对西方文明的发展起着举足轻重的作用。雅典还是一座满是古迹的城市，市区中遍布着古希腊时期、罗马时期和中世纪的文物，行走其间，就如同阅读一本欧洲的历史书，而其中最著名的无疑是雅典卫城。

卫城今昔

卫城是雅典的心脏，坐落在老城中心一座156米高的小山丘上，故也称"高城"。卫城东西长320米，南北宽156米，四周以城墙围合。公元前5世纪，雅典从波斯入侵的破坏中复苏过来，并展开了大规模的重建工程，尤以市中心的雅典卫城建造得最为宏伟壮丽，并成为西方古典建筑最重要的纪念碑之一。卫城修建之初是一位国王的城堡，重建后，其功能发生了很大变化，从城堡变成宗教圣地，其上相继建造了万神庙、山门、胜

无翼胜利女神——雅典娜

利女神庙以及埃雷赫修神庙等宗教建筑。今天，卫城经历了2000多年的变迁，已不再是宗教圣地，而是作为博物馆向公众开放。

山门·神庙·酒神剧场

卫城山门有迈锡尼式的双门廊构造，分别朝向西方和东方，并以一个三道主门及两个侧门的墙分隔。门廊每一边正门的6根多利亚式圆柱都有同样的直径（1.56米），高度约8.8米，但若从下往上看，西边的圆柱比东边的高了0.3米。门廊中心的柱间隔比在边缘的宽，显然是为了方便人们走上穿过柱座的斜坡而设计的。由于内部门廊不深，因此不必使用居间的支撑物就可搭建起来。然而作为访客等候处的外部门廊，由于深度至少为内部的两倍，需要内在的支撑物，因此两排每列3根的爱奥尼亚式圆柱被用来支撑大理石天花板。当人

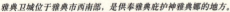

雅典卫城位于雅典市西南部，是供奉雅典庇护神雅典娜的地方。

们觅着曲折的石径站在这些经风历雨的石柱面前时，都会被它纯净、肃穆的气质所感染。

雅典卫城最著名的建筑是帕特农神庙，它是公认的古希腊建筑艺术的纪念碑，被称为"神庙中的神庙"。此神庙矗立在卫城的最高点，是祭奉雅典娜女神的主庙，被认为是多立克柱式（希腊古典建筑柱式中的一种）建筑发展的顶峰。帕特农神庙的前身建于公元前6世纪前半期。此后，作为古希腊文明象征的帕特农神庙，历经了公元前570年到公元前566年的百柱殿、公元前529年到公元前520年的古神殿和公元前490年以后的帕特农第一神殿等阶段，最后发展为目前第四代雅典娜帕特农神庙。帕特农神庙的右侧是著名的埃雷赫修神庙。它于公元前421年到公元前406年建在旧的雅典娜神庙的基础上，是卫城上最年轻的建筑。埃雷赫修神庙由三部分组成：西侧是埃雷赫修王的墓室；北侧是由6根爱奥尼式柱支撑的一个大厅，柱子细长秀美，是希腊时期的代表作；南侧是一

个小厅，支撑它的柱子是6个美丽的"少女"，她们各个端庄秀丽，虽顶着重重的屋顶，但表情动态依然轻松自如。

卫城南面的围墙脚下有一个古希腊时期著名的剧场：酒神剧场。约公元前6世纪，一尊酒神的塑像被带到了雅典，于是，古希腊人开始供奉这位狂饮与欢乐之神，并于日后建造了酒神庙及酒神剧场。剧场于公元前330年左右建成，当时可以容纳1.7万人，是雅典城中最大的剧场。剧场分为后台、舞台和观众席三部分，整个平面呈半圆形。今天人们仍可看到半圆形的舞台和上面由大理石拼成的几何图案及石椅和看台。古希腊时期，剧场是重要的社会交际场所，每逢有话剧上演，无论是贵族还是平民都可前来观看，而上演的剧目大都是悲剧。有人说这是因为希腊人崇尚哲学，而当时人们认为悲剧中蕴涵更多的人生哲理。于是酒神剧场就和希腊悲剧结下了不解之缘。

埃雷赫修神庙因其南侧虚厅6根以大理石雕刻成的少女像柱而举世闻名。

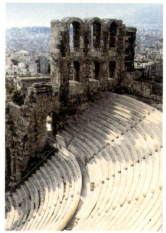
这座古希腊剧场如今仍能上演话剧，举行音乐会。

帕特农神庙是公元前5世纪伯里克利执政期间，重建卫城工程的重点项目。

马耳他巨石遗址 • *Megalithic Sites of Malta* • 马耳他

位置 │ 散布在马耳他内陆和沿海岛屿上
年代 │ 大部分建于公元前3600年到公元前2500年
特别点评 │ 比金字塔还古老的石器时代的庙宇，人类最早的宗教场所之一

马耳他巨石遗址精准、独特的建筑结构反映了人类先民的非凡智慧，而其卓越的建筑艺术足以成为今天建筑工程师们效仿的典范。

神秘的史前遗迹

马耳他共和国位于地中海的中心位置，扼守大西洋通往地中海东部和印度洋的海上交通要冲，由马耳他岛、戈佐岛、克米诺岛、克米诺托岛、费尔弗拉岛五个岛屿组成。在马耳他岛和戈佐岛上有几十处神秘的史前巨石神庙。神庙的地面一般铺着由碎石灰石构成的灰泥层。大部分神庙的布局是围绕一条中轴线展开的，这条轴线从入口处的巨石牌坊一直通到庙后部顶端的壁龛。庙里还有祭坛、石屏以及用海底软泥制成的石板门槛，其上刻有连续不断的螺旋纹或其他浮雕图形。在一些庙里，内墙的上层往里倾斜，上面一般覆盖着木制平顶和夯实的黏土。有几座庙之间的缺口内有一道石砌楼梯，可以通向屋顶。不少学者的研究表明，这些巨石建筑的建造者们在天文学、数学、历法、建筑学等方面都有极高的造诣。有些研究者甚至推测它们是判断节令的历法标志，而且还可用作观察天体的视向线，甚至能当做一台巨型计算机，准确地预测日食和月食。石器时代的马耳他岛居民真有这么高的智慧吗？如果真是这样，为什么他们在其他领域没有相应的发展？而这些知识又为什么莫明其妙地中断了？如今，这些巨大的建筑群依然耸立着，把一切高深莫测的疑问保持在一片沉默中。

神庙的建造

马耳他的神庙修建多数是就地取材，使用了两种截然不同的石材：坚硬的珊瑚岩和柔软的海底软泥。珊瑚岩较难加工，但它的优点是可以利用其天然缝隙，选取建筑所需的石材，而且坚固异常，耐风化能力强。海底软泥则用于修建内墙，可以进行精细加工，还能雕琢壮观、丰富的浅浮雕。据考证，海底软泥是古人用鹿角镐和木楔子挖取的。神庙的建造者们非常清楚两种材料有截然不同的特性，所以它们被运用得恰到好处。有

围绕一条中轴线展开的神庙

石球

些神庙的外墙上，巨大的珊瑚石块被小心翼翼地接合在一起，神庙里再用海底软泥制成内墙。还有的神庙的墙壁由内外两面成形的石块组成，泥土及碎石填充其中。建墙用的有些石头也是从远处运来的。建筑者用木滑板和支架将个别重达20吨的巨石从几千米外的采矿场运到建筑工地。在一些殿庙遗址附近，发现了被丢弃的石球，它们可能在安放巨石到位的过程中起一定作用。

地下建筑·神庙

马耳他巨石庙群中有一个是哈尔萨夫利恩尼的地下建筑。1902年，在马耳他首都瓦莱塔一条僻静的小路上，发生了一件引起世人关注的大事。有户人家盖房时在地下发现一处洞穴，后来人们才知道，原来这里埋藏着一座史前建筑。这一遗址由上下交错、互相重叠的多层房间组成，里边有一些供进出的洞口和奇妙的小房间，旁边还有一些大小不等的壁孔。整个建筑线条清晰，棱角分明，甚至那些粗大的石架也没有发现用石头镶嵌补漏的地方。该纪念遗址其实是一处

墓地，里面有近7000具尸体。研究发现：此墓地是在一个石灰石质的小山上凿出来的；经历了几个世纪后，坟墓中的房间越来越多，通往新出口的新通道不断被凿出；最后，整个遗址形成一个有着三层33个房间的地下结构，成为一个名副其实的地下迷宫。在地下建筑的一个外室中，周围的岩墙上刻出了高大而雅致的柱子，并有走廊通入该地下建筑的中心。在墓室"礼拜堂"中一个小的赤土陶器中，人们还发现了一个10厘米高的女神雕像，可能是有某种象征意义的神祭用品。

在戈佐岛屿有两个"詹蒂亚"庙宇，"詹蒂亚"在马耳他语中是"大的惊人"的意思。两个庙宇中较大的一个包括三个苜蓿形状的房间，其中最大房间的前院有一个石圈，大概是用来做仪式的炭盆；在庙宇后部，有一

个桌子状的结构，关于它的用途，人们尚不得知。马耳他的又一巨石建筑——蒙娜亚德拉神庙又被称为"太阳神"庙。一个名叫保罗·麦克列夫的马耳他绘图员仔细地测量了这座神庙后发现，这座神庙实际上是一座相当精确的太阳钟。根据太阳光线投射在神庙内祭坛和石柱上的位置，可以准确地显示夏至、冬至等一年内的主要节令。而更令人震惊的是，根据太阳光线照射祭坛的不同角度推测，可以准确地得出结论：这座神庙是公元前10205年建成的！这座神庙的存在，又一次打乱了人们正常的思维方式。一万多年以前，神庙的建造者们真的有那么高深的天文和历法知识，能够精密地计算出太阳光线的位置，并设计出那么精确的太阳钟和日历柱吗？这一切至今没有答案。

马耳他神庙中用于祭祀的神殿

奥尔梅克巨像 · *Olmec Stone Images* · 墨西哥

位置 | 墨西哥湾海岸
年代 | 约建于公元前1200年
特别点评 | 奥尔梅克文明的忠实见证者，以巨像雕刻体现文明造诣

奥尔梅克文化

奥尔梅克文化是中美洲古印第安文明萌芽阶段的文化，有"印第安文明之母"之称，发源于公元前13世纪到公元前3世纪，公元前8世纪前后达到巅峰。该文化的主要遗址有拉本塔、圣罗伦佐和特雷斯萨波特斯等。

大多数人认为这些巨大的石头头像是一些显赫人物的肖像。

这些地方都是中美洲最早的宗教中心，当时已形成较大市镇，有宏伟的金字塔式台庙、巨大的仪式性广场、玉石雕刻和最早的美洲文字，这表明此时的奥尔梅克人已脱离原始社会建立了美洲最早的文明。奥尔梅克文化最有代表性的是用天然球形巨石刻成的头像。该文化传统被日后中美洲的古印第安文化所继承。

建造巨像

据考古学家研究，奥尔梅克人没有带轮车辆、拖车牲畜和滑车设备，全靠人力搬运东西，因此这些石材的运送方式可能主要是水路运输：在最潮湿的季节，当河水的水平面较高，而且地面得到自然润滑的时候，搬运石头最有可能。但现在还不清楚到底这些石头是雕刻完成后才运送的，还是不加工就直接运送的。但水运中丢失石头的危险性较高。在奥尔梅克的小型石雕上描绘有这样一幅图：看起来没有经过精加工的方石上紧紧绑着几圈绳索，几个人坐在石头上晒太阳。这幅图可能表明

奥尔梅克人以巨大的雕刻头像展示其文化特点。

了运送巨石过程中遇到的重重困难。除了运送石材，最费时费力的还是雕刻这些坚硬的玄武岩石。奥尔梅克人没有金属工具，也缺乏用于雕刻的比玄武岩石更坚硬的工具。因此，大部分的工作是通过敲击和打磨完成的。

象征意义·人种之争

每一尊奥尔梅克雕像都遵循统一的套路：一个年近中年的男性，一张丰满且令人生畏的脸，一个又宽又平的鼻子，丰满的嘴唇，紧蹙的眉头，圆睁的双眼，内眦清晰的皱纹；此外，每一座头像都紧紧地戴着一顶盔甲似的帽子（其中几尊还有耳塞）。有人认为石像的帽子是某种神圣球

赛的安全帽：在这种球赛中，失败的一方会被砍下头颅。因此，这种头像可能与这种竞赛的祭祀有关，或者又是一种向死者表示致敬的纪念物。不过，多数人认为这些石像是首领或统治者的雕像。每座头像帽子上独特的装饰，包括兽皮、缨、羽毛、绳子和镜子，似乎都在表明他们是统治者，或者是某个王室的成员。后来发现于中美洲的一个部落统治者的雕像十分引人注目，名为"不朽的玛雅"，其文化根源可以追溯到奥尔梅克时期。这一发现为奥尔梅克石头像是首领或统治者雕像的说法增加了有力的证据。此外，拉本塔的一些奥尔梅克建筑被发现时，似乎还在它们原来的位置上，没有被移动过：巨石头像、御座石和石柱，都建于拉本塔的宗教性建筑区内，或者"皇宫"内，或附近的公共区域内。奥尔梅克人似乎有意把这些雕像群按一定的位置摆放成一定的场景，以纪念或重现一些历史事件或神话传说。大多数巨石头像属于这些场景的一部分。看来这些或许是代表首领或皇帝的雕像具有一定的政治意义。许多考古学家和碑铭研究家认为，奥尔梅克雕像可能是另外一种文化传统的代表物；而这种文化传统综合并传达了萨满教（原始宗教的一种晚期形式）的主题。

石像的发现者梅尔加曾发表了两篇文章，推测巨头雕像的代表意义，以及其雕刻对象属于何种民族。当时的学术圈正盛行文化传播论，学者多认为前哥伦布时期的美洲土著绝不具有足够的智慧或能力可以创作出像奥尔梅克头像这类大型而出色的艺术作品。受此影响，梅尔加便假定巨

奥尔梅克人的祭坛

奥尔梅克人遗留下来的玄武岩石材

头像的设计雕刻者必定为旧世界移民，而雕刻对象应为非洲人，尤以埃塞俄比亚人最有可能。此后，又出现了奥尔梅克人"黑种"说。此观点认为非洲人早在哥伦布发现美洲之前，便曾多次航行抵达美洲，因而创立或至少强烈影响了中、南美洲的早期文明。以此推之，奥尔梅克文明很可能是非洲人所创。此类主张虽然不为专业学者所接受，却成了北美洲地区当代非洲中心运动的基本论点。但不管奥尔梅克人的巨石头像属于哪个人种，具有何种确切的用途或含义，

它们无疑是世界上最为壮观的巨石雕刻之一。

除了独立式的人头雕像，奥尔梅克还有一些蹲坐姿态的巨像。

奇琴伊察古城 · *Chichen-Itza* · 墨西哥

位置 | 墨西哥南端的尤卡坦半岛上
年代 | 始建于公元3世纪左右
特别点评 | 城市建筑综合了玛雅人的建筑技巧和托尔特克人的雕刻装饰

螺旋天文台把奇琴伊察居民高超的几何和天文知识表现得淋漓尽致。

"羽蛇"之城

玛雅文化从危地马拉太平洋沿岸一直延伸到墨西哥南端的尤卡坦半岛,从公元3世纪末一直延续到公元16世纪西班牙人占领墨西哥时为止,至今仍然是人类社会的一大奇迹,但人们对它神秘的过去还知之甚少。在尤卡坦半岛神秘的城市中,最引人注目的是显赫一时的"羽蛇"城奇琴伊察。法国著名的玛雅史学家雅克·苏斯坦尔认为,奇琴伊察是"伊察人之井边"的意思,而"伊察人"是在公元5世纪左右把自己的首都定在奇琴伊察的玛雅人。但在玛雅人来到之前,这里居住着托尔德加人,他们是墨西哥土著印第安人中的一个部族,也曾经

创造过灿烂的文化。玛雅人来到尤卡坦半岛后,融合了托尔德加人的文化,创建了奇琴伊察的玛雅-托尔德加混合文化,即"玛雅古典时期的后期玛雅文化"。他们崇拜的就是羽蛇神和雨神。耸立在奇琴伊察城中心的一座显要的建筑物就是羽蛇神金字塔。所以,奇琴伊察也被玛雅史学家称为"羽蛇"城。

城市更迭

奇琴伊察是玛雅人的一个重要据点。在南北近4000米的"羽蛇"城里,神庙、宫殿、街道、祭坛、广场等都建筑得井井有条,这表明当时的玛雅人有着良好的社会组织。公元987年,托尔

特克族占据了这座城市,并作为他们的首都,玛雅文明因此受到了冲击。在11~12世纪期间,托尔特克族人建筑了非凡的石殿、柱廊和府第,把玛雅文明和托尔特克文明交织在一起,使奇琴伊察城市的发展达到鼎盛。占地2万多平方米、四周排列着的近千根23米高的圆柱广场,就是这个时代的产物。大约在1224年,奇琴伊察的玛雅勇士们赶跑了托尔特克人,重新占据了该城。这里成为统治者托比辛·昆沙柯多的新首府,俯视全城的金字塔庙就是为他建造的。奇琴伊察作为权力中心的时期

城中的战士神庙经常举行奉献人心的活人祭。

并不长，在遭到尤卡坦半岛上另一强大的部落——玛雅藩的进攻后不久，奇琴伊察地区被遗弃了。现在人们所见到的奇琴伊察的大片遗迹，既不全属于玛雅风格，也不纯粹是托尔特克风格，而是糅合了两种文化思想模式的错综复杂的混合体。

圣井·金字塔·天文台

在奇琴伊察这块只有季风才能带来雨水的干旱土地上，建筑物围绕着一口口巨大的水井向外扩展。城里有两口直径60米的天然大水井，玛雅人把其中的一口作为饮水和灌溉农田之用，而把另一口奉为"圣井"，用来祭祀雨神。在干旱时期，活人被扔入井内，以期感动雨神，缓解旱情。已有不少作为供品的贵重金属、玉石和宗教图像从井中打捞上来。许多被投入井中的人似乎还只是孩子，至少那些被扔入井后即被淹

死的绝大多数是孩子。而那些在井中数小时后仍存活的人则被救起，并受到礼遇，因为他们被认为已与雨神交谈过了。许多从井内发现的物品属于托尔特克时期以后的年代，所以有理由认为，在当时相当长的一段时期内，这口井一直被视为神圣的地方。

羽蛇金字塔建在一座旧的金字塔上面，并将其完全覆盖，四周各有91层台阶。金字塔的设计颇为奇特：台阶和阶梯平台的数目分别代表了一年的天数和月数，52块有雕刻图案的石板象征着玛雅日历中52年为一轮回年。这座建筑物的方向定位显然也经过精心考虑。在春秋两季伊始，日落时分，其边墙受阳光照射，光照部分在上面形成一系列的等腰三角形；随着光照角度的变化，这些等腰三角形逐渐由笔直

奇琴伊察族和托尔特克族共同膜拜的羽蛇神图腾，在整个古城内随处可见。

变为波浪形，宛如巨蟒从塔顶向大地游动；如此设计象征着苏醒的羽蛇神正爬出庙宇，显示出划分季节的特殊效果。

奇琴伊察的螺旋天文台高16米，是迄今为止在玛雅文明遗址中发现的唯一圆形建筑物。它的得名源于塔内的螺旋楼梯。作为一种设计巧妙的天文仪器，塔内的墙壁与观测室窗口形成的连线也成为观测季节的"设备"。更奇妙的是，螺旋天文台的一些观测窗口，经过科学家研究，发现它们面对的观察点竟然是肉眼无法看到的天王星和海王星！

羽蛇金字塔在建造之前，经过了精心的几何设计，所表达出的精确度充满戏剧性的效果。

特奥蒂瓦坎遗址 · *Teotihuacan Site* · 墨西哥

位置 | 墨西哥城东北
年代 | 大约建于公元前500年
特别点评 | 曾经是当时美洲规模最大的城市之一，被誉为"众神之都"

特奥蒂瓦坎古城遗址俯瞰图

历史上的特奥蒂瓦坎

特奥蒂瓦坎，意为"天神降生的地方"，是古代墨西哥印第安人的古城遗址，位于墨西哥城东北40千米处的波波卡特佩尔火山和依斯塔西瓦特尔火山谷底之间，面积达20平方千米。特奥蒂瓦坎文化约形成于公元前500年，公元1~6世纪发展到鼎盛时期，到公元9世纪时开始衰落。全盛时期，它是全美洲最大的城市，拥有大约12万人口。实际上，特奥蒂瓦坎在这一时期不仅是一个宗教中心，而且与中美洲的其他地区有着广泛的贸易联系，组成了密集的商业网。

特奥蒂瓦坎和玛雅是这个庞大的商业网中的两个枢纽。特奥蒂瓦坎被誉为"众神之都"，城中有闻名遐迩的死亡大道、太阳金字塔和月亮金字塔，而这座城市创造的文明，不仅支配着当时的整个王国，还影响了玛雅文明的发展。

规模宏大的城市

特奥蒂瓦坎曾是古代阿兹克特人的都城，距今已有2000多年历史。近年的考古发掘表明，这座由数以千计的建筑组成的城市，有众多的街道、店铺和作坊，还有

特奥蒂瓦坎的羽蛇金字塔

专门的商业区和手工业区。俯瞰特奥蒂瓦坎遗址，整个城市似乎是严格按照事先作出的规划而设计建造的，透露出极强的几何韵律感。最近有研究结果显示，特奥蒂瓦坎的城市格局是太阳系的星图模型，因为这里的所有建筑，包括

月亮金字塔

宫殿和民房，都与太阳金字塔的方向严格一致。

金字塔·羽蛇神庙

在特奥蒂瓦坎，有两座著名的金字塔庙。它们是城市北端的月亮金字塔和南端的太阳金字塔，分别是祭祀月亮神和太阳神的宗教建筑。太阳金字塔大致建于公元1～3世纪。这座接近四方锥体的建筑坐东朝西，逐层向上收缩，底边长226米，宽223米，

太阳金字塔

塔高64.5米，占地5万平方米，总体积达100万立方米。它被设计成古代印加人视为神圣符号的五点形，即在正方形的四角各设置一个点，正方形的中心是第五点，金字塔的顶点正好处于底座四角的中央。这使所有相互对立的力量并合而为一，象征生生不息的生命源泉。在太阳金字塔塔顶的平台上曾建有一座供奉着太阳神的神庙，当年人们就是在这里用人牲祭祀太阳神的。而月亮金字塔坐北朝南，底边长150米，宽140米，塔高46米，分为五层。其建筑风格和太阳金字塔一样，只是规模较小，修建时间也比较晚。这座金字塔外部叠砌的石块上绘有许多色彩斑斓的壁画，塔前的广场可容纳上万人。

位于城市南部的羽蛇神庙，被古印第安人称为"凯察尔考阿特鲁神庙"。神庙由一个365平方米大小的平台和羽蛇神金字塔构成。庙的建成时间比太阳金字塔和月亮金字塔要晚，规模也更小，但造型精巧，外观华丽，铺砌考究。其现存台阶的表面用石

料一层层拼砌而成，每层都装饰着带羽毛项圈的蛇头和用玉米芯贴饰的象征羽神的假面。

豪宅·民居

南北走向的死亡大道和另一条东西走向的大街把整个特奥蒂瓦坎城区分成了四部分，代表统治阶层的祭司和贵族占据了离金字塔最近的地段，远离喧闹的市场。在统治者富丽堂皇的房间和厅堂中有许多大石柱，上面装饰着精美的浮雕，色彩缤纷的雕像从地面一直延伸到厅的顶部，即便是在一天中阳光最刺眼的时候，豪宅的主人仍可以自在地享受阴凉和清静。

跟富丽堂皇的豪宅相比，城中平民的住房是清一色的单层平房，院墙设有窗户。这种封闭的院落在白天可以隔开外界的喧闹，并使居室保持凉爽，而夜晚又便于防风保温。院子中央有宽阔的天井，天井的一部分被辟为祭坛，屋檐下和墙脚都挖有排水沟。白天，来自各地的人们在熙熙攘攘的集市上进行交易；晚上，人们便回到自己舒适的寓所。

遗址文物玉石面具

马丘比丘 · *Machu Picchu* · 秘鲁

位置 | 秘鲁南部安第斯山区
年代 | 约建于15～16世纪
特别点评 | 古印加帝国的城堡和祭典中心

马丘比丘之谜

西班牙人占领了印加后，大肆劫掠，无恶不作。1536年，当时的印加傀儡皇帝借机组织军队举行起义，事败后逃到安第斯山谷中的维尔卡邦巴。不久，那里藏有印加皇帝宝藏的传闻也不胫而走。1911年，一位美国历史学家本希望寻找到印加人最后的避难所维尔卡邦巴，结果却机缘巧合地发现了宏伟壮观的马丘比丘古城。马丘比丘像是忽然间出现在地球上的一座古城，它的真正历史至今仍然没有定论。但也正由于这个原因，谜一样的马丘比丘每年都吸引着无数游人到此一窥神奇的印加文明。

印加古道上架着独特的印加绳桥。

云雾中的传奇帝国

马丘比丘位于秘鲁库斯科省乌鲁班巴河左岸海拔2430米的高山上，三面临

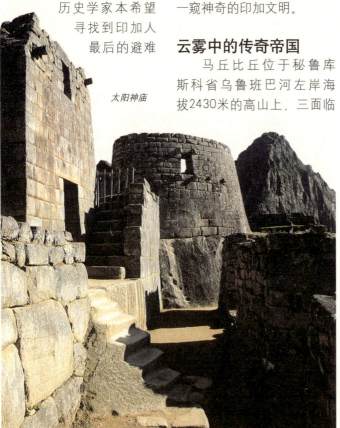
太阳神庙

河，另外一面是热带山林的悬崖峭壁，特殊的地理环境使它常年笼罩在云雾中。马丘比丘建于15世纪，占地13平方千米，包括太阳神庙、军事堡垒、祭坛、贵族庭院、平民住房、市场、作坊、广场、浴池等近200座建筑和连接山坡与城市的约3000级台阶，它们与周围的自然环境浑然一体。山脊斜坡和后山还辟有百余层梯田，用于种植粮食、蔬菜。另外，遗址境内分布着许多"卫星城"，处处可见花园、通道、宫殿等宏伟建筑。16～17世纪之交，马丘比丘遭到废弃，因此，在大多数繁荣的印加城市被西方殖民者破坏殆尽的时候，此处却得以保留印加时代的城市风貌。

神庙·古道·捆日石

马丘比丘有着众多的神庙，其中的太阳神庙不仅是印加人祭祀太阳的场所，更是一座天文观测站。近年来有考古天文学家研究发现，每年夏至时分，太阳光正好由神庙东窗射入，十分准确地投射在庙中用来测量太阳升起点的"捆日石"上。另外，主神庙和三窗庙都是非常重要的神庙。主神庙是一座三面围墙一面开放的建筑，其东西两侧石墙皆以巨石为底，并用打磨精细的石块垒砌而成，庙中还有一座巨石砌成的祭坛。三窗庙位于主神庙旁，因有三扇巨石叠成的大窗而得名。庙中立有一根石柱，据说是用来支撑屋顶的；石柱边还有一块代表天地宇宙的阶梯石刻，是印加神庙的重要标志之一。

在印加文明强盛的近一个世纪中，印加人在其主要人口聚集区建立了连接秘鲁、厄瓜多尔、玻利维亚全境，以及智利和阿根廷部分地区的交通网，全长超过3万千米，被称为"印加古道"，其中又以从库斯科通往马丘比丘的一段最为著名。这段"印加古道"全长43千米，以花岗石铺

设。古道穿越崇山峻岭，许多路段并不好走。人沿着这条路走要翻越三座隘口，相当费力，一般人通常要花四天三夜，甚至更长的时间才能走完全程。但由于沿途景色壮丽，又有多处印加遗址，所以印加古道每年总会吸引上千名来自世界各地的跋涉者。他们从这条崎岖的古道上步行前往马丘比丘，完成他们心目中的"朝圣之旅"。

印加人的宗教信仰是太阳崇拜，他们自称是太阳的子孙，把城市修建在高高的山巅上也是为

了更加接近太阳。太阳崇拜是整个马丘比丘的灵魂。因此，印加人的城市中都建有一个神圣的日晷仪，用来标明太阳的运行情况，以便象征性地捆住太阳，防止它坠落。马丘比丘城中心的"捆日石"就是这种信仰的体现。这块石头直接用山顶的岩石刻成一块高约两米的长方形大石盘，石盘上有刻度，盘中心有一个突出的石桩，石桩随着太阳的运行在盘上投下阴影，指明一天的时间。另外，印加人还通过它来确定季节。

藏有机关的马丘比丘之门

安第斯山脉上清晰可见的马丘比丘小道

复活节岛雕像 · *The Easter Island Statues* · 智利

位置 | 距智利西海岸4000千米的太平洋小岛上
年代 | 约建于1000~1500年
特别点评 | 波利尼西亚文明的独特象征

复活节岛

复活节岛是位于太平洋东南部的小岛，隶属智利瓦尔帕莱索省，是由荷兰航海家雅可布·洛基文于1722年4月5日发现的。由于登陆当天正是基督教的复活节，于是他就把这座岛命名为"复活节岛"。复活节岛略呈三角形，最长处约为24千米，最宽处17.7千米，面积117平方千米，岛上没有河流湖泊与高大的树木。"拉帕努伊"是当地的波利尼西亚人对复活节岛的称呼，他们的祖先曾在这个与世隔绝的荒凉小岛上建立了一个"国家"。从10世纪到16世纪期间，这里建筑了神殿并树立起巨大的石像，波利尼西亚人将之命名为"毛阿伊"。这些石像至今仍是一道无与伦比的文化风景，使整个世界为之着迷。

巨大的头像用火山凝灰岩雕凿而成。

"世界肚脐"

复活节岛上的土著人称自己居住的地方为"世界的肚脐"。后来，航天飞机上的宇航员从高空鸟瞰地球时，惊讶地发现复活节岛孤悬在浩瀚的太平洋上，确实像一个小小的"肚脐"。于是，这个偶然的巧合又给这座岛屿增添了浓重的神秘气息。复活节岛北部的阿纳凯是全岛最富魅力的景点，除一排威武的"毛阿伊"石像外，一片金黄色的沙滩又长又宽，岸上的棕榈树林青翠

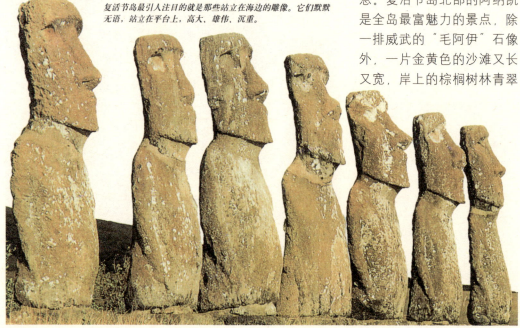
复活节岛最引人注目的就是那些站立在海边的雕像。它们默默无语，站立在平台上，高大、雄伟、沉重。

位于太平洋上的复活节岛

茂密。从全岛最高点——海拔507米的特雷瓦卡山的山顶上极目远眺，岛上的大小火山和四周的石像尽收眼底，浩瀚的太平洋与蓝天浑然一体，令人心旷神怡。

人们在采石场里发现了尚未完工的雕像。

神秘石像·"会说话的木板"

"毛阿伊"石像的面容似乎永远笼罩在一团团迷雾之中，它们虽然雕刻得不算精致，但都充满个性。这些半身雕像大多被整整齐齐地排列在4米多高的长方形石台上。这些雕像几乎都是长脸、长耳、双眼深凹、浓眉薄唇、削额高鼻，双手放在肚子上，神情严肃。它们脸上最有特点的部位是下巴，其上的棱角使石像表情多了几分沉毅和自信。另外，个别的雕像还被装上了用贝壳制成的眼睛。年复一年，复活节岛上的石像似乎在望空怀想，又像在对海沉思，它们肩并肩站在一起，气势磅礴，雄伟壮丽，暴雨狂风在它们身上留下的斑驳痕迹使它们看起来充满了历史的沧桑。

复活节岛上曾有许多刻满奇异图案的木板，当地人称之为"会说话的木板"。上面的图案是一种独特的象形符号——朗戈朗戈文，它们是以换行换方向的方式来书写的，即第一行先从左往右写，下一行则从右往左写。至于这些象形符号的含义，始终是个不解之谜。1863年，一个法国传教士来到复活节岛，他认为这些文字是"魔鬼的可怕咒语"，便下令将这些木板统统烧掉。但一位当地居民偷偷藏起了25块。后来，这些木板被收藏在了世界各地著名的博物馆里。

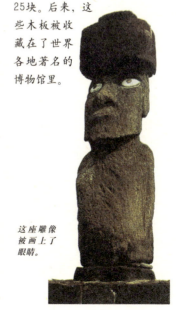

这座雕像被画上了眼睛。

迦太基古迹 · *The Site of Carthage* · 突尼斯

位置 | 突尼斯城东北部
年代 | 始建于公元前8世纪
特别点评 | 古老史诗中描绘过的城市，堪称一座"国家考古公园"

女王的"新城"

驰名世界的迦太基古迹，位于突尼斯城东北17千米处，濒临地中海，扼守突尼斯海峡，据东西地中海要冲，是世界上最著名的古城之一。据荷马史诗《伊利亚特》描述，迦太基始建于公元前8世纪。当腓尼基国王的妹妹狄多在丈夫被杀害后，为摆脱哥哥的排挤，带着自己的追随者，扬帆出海，去寻找属于自己的新王国。来到突尼斯时，这位美丽的公主，受到当地人的热烈欢迎。狄多向部落首领马西塔尼求借"一张牛皮"之地栖身，得到马西塔尼的应允。公主把一张牛皮切成一根根细丝，然后把丝连在一起，在紧靠海的山丘上围起一块3.15平方千米的地皮，并在此基础上建立了一个宏大的城市。狄多为城市取名"迦太基"，该词源于腓尼基语，意为"新的城市"。这时特洛伊城的王子，罗马帝国创建者之一的埃涅阿斯为寻找一个建立罗马帝国的

浴场圆柱上的雕花装饰

合适地点，率领他的舰队也到达了那里，这为日后双方的争斗埋下了伏笔。600多年来，两国间不断爆发战争。公元前149年，罗马对迦太基

恢弘的埃尔·杰姆竞技场

迦太基城曾是地中海地区最大的商港，如今，其遗址是突尼斯最为著名的古迹。

第三次宣战，结果迦太基城被罗马人围困、攻陷。公元前2世纪中叶，罗马元老院一致同意了罗马政治家可图的坚决主张：迦太基必须被消灭。终于，在公元前146年迦太基城被毁。公元前122年，罗马人重建该城。公元698年，哈桑率领的阿拉伯远征军征服了今突尼斯地区，将迦太基城夷为平地。今天人们看到的迦太基残存遗迹多数是罗马人在公元前122年到公元439年重建的。

浴场·竞技场

迦太基城中的安东尼浴场是罗马皇帝安东尼修建的。如今，其地面建筑只剩下柱石残墙，但从底层结构可以看出两边对称地排列着的更衣室、热水游泳池、按摩室、蒸浴室、温水室、冷水室和健身室。供浴室用的水是通过渡槽从60千米外引来的。渡槽

全部以石筑成，现仅存数段，而浴场3万立方米的贮水池至今仍能使用。最令人陶醉的是从观景台上向湛蓝的大海和矗立其后的高山眺望。当人们置身于用卓越的建筑艺术重建的亭台楼榭之中时，也就不难想象当时的贵族过着怎样的奢华生活了。

迦太基城中的埃尔·杰姆竞技场历史悠久，建于公元3世纪初，是古罗马帝国在非洲留下的一座著名建筑，也是世界三大竞技场之一。竞技场高36米，建有500个门，可同时容纳4万人。这里的罗马建筑、雕刻都令今人赞叹不已。其斗兽场围墙高大，层层拱廊相连，构筑典雅，人行其间，仿佛在古代城堡殿廊中穿行。端坐在观众席的顶层，俯身下望，偌大的斗兽场，尽收眼底。不少法国著名作家如莫泊桑、福楼拜等都曾专程来此观光，并将它描述为"世界上美妙绝伦的斗兽场"、"罗马帝国在非洲存在过的标志和象征"。

神庙·童祭之谜

迦太基神庙在迦太基城建立前就是一个神圣的地方，高大宏伟，气势庄严，富有古希腊的建筑艺术特色。迦太基神庙供奉的众神中，以天神巴尔与其同伴塔尼特最为尊贵。起初，巴尔是当地极为著名的神，塔尼特却不是。塔尼特约于公元前5世纪传入迦太基，碑文中经常将其形容为"巴尔之面"，即女性对应神，或巴尔的"反映"。后来塔尼特便逐渐成为迦太基最重要的女神。

在迦太基神庙里可以看到发掘出来的一层层堆积着的石碑和盛放着祭神儿童尸骨的容器。19世纪70年代末，迦太基的考古成果提供了这些掩埋物最早的详细数据。发掘出来的瓮内，包括人与动物的骨灰。早期的埋藏物中，动物祭祀品占了约1/3，但到了公元前4世纪，却减少至1/10左右，换言之，此时90%的祭祀残骸属于人类骨灰。更进一步的区别显示，早期的埋藏遗骨多为流产或新生婴儿。上述变化的原因为何？为什么需要越来越多的儿童祭祀？由于缺乏明确的文字记载，人们很难回答。

古城遗址内有迦太基中产阶级的住屋痕迹。

阿杰尔高原壁画 · *Frescos of Ajjer Plateau* · 阿尔及利亚

位置	阿尔及利亚境内的撒哈拉沙漠中
年代	最早绘制于公元前6000年左右
特别点评	记录了数千年来当地的变迁，是最重要的史前洞窟艺术群之一

沙漠的记忆

阿杰尔高原位于非洲阿尔及利亚境内的撒哈拉沙漠中，是一系列由砂石构成的高地的总称。这里气候干燥，植物稀少，但令人惊奇的是，在这片人迹罕至的不毛之地却蕴藏着1.5万幅新石器时代的岩画和雕刻。此遗址是1956年由考古学家亨利·洛特发现的。他带回的岩画作品展出后引起了一片议论。因为这些壁画之中有大象、牛、马、犀牛、鳄鱼、河马等各种绝不会生存于沙漠中的动物，实在令人费解。洛特和他的探险队在"岩画是假的"的非议中进行深入调查，终于明白了事情的真相。原来，撒哈拉的沙漠化大约是4000年前开始的。而在此之前，处于湿润时期的阿杰尔高原，流水潺潺，草木繁茂，动物栖息，人类繁衍生息。该艺术遗址记录了公元前6000年前后到公元1世纪期间撒哈拉气候的变化、动物的迁徙以及人类生命的进化，因此成为世界上最重要的史前洞窟艺术群之一。

阿杰尔高原上颜色依旧艳丽的岩画带有强烈的自然主义风格。

艺术·信息·古文字

岩画的第一时期是"圆头时期"，即通过单一紫罗兰色的裸体人像来反映其艺术特色，但人像四肢全无，性别特征不明确。当发现了赭石以后，人们才开始完整详细地描绘人形，充分体现

撒哈拉曾有过以畜牧业为主的"农耕时代"。

这幅表现人类活动的壁画，线条优美流畅。

手臂和大腿肌肉的艺术效果。最突出的例子是一个呈跪姿的长发女子肖像，其颜色为白色。她似乎在舞蹈中伸展双臂，其曲线毕露的身材在这幅岩画上被逼真地反映出来。由于她的美丽给人留下深刻的印象，洛特给她取名为"安蒂娜"。壁画第二时期"偶蹄类哺乳动物时期"的绘画创作一直持续到公元前3000年左右，其艺术特点是放大被描绘物体的真实比例。尽管如此，作品看起来却毫不别扭，似乎就应该是这样的。这些作品不是通过美丽的描绘，而是通过比例上的艺术夸张，给人留下深刻的印象。但这一时期的绘画作品却大大提高了人类和动物的真实性和逼真度：猎人们在悬崖峭壁上追逐猎物，牧人们在一条河流中嬉戏漂流……

阿杰尔高原岩画隐含着许多时代的信息，这点可以从其主题内容、动物种属的变化中看出来，也可以从绘画民族的更迭看出：这里有黑人、富尔贝人、利比亚人和兹阿雷库人，有他们在狩猎、战斗、畜牧、舞蹈、性爱以及日常生活中的种种表现。阿杰尔高原最早的岩画创作于中石器时代。这个时期的岩画都是凿刻在岩石上的，直接暴露在阳光之下。画面上有长颈鹿、犀牛、大象和鸵鸟等热带动物，描绘的是撒哈拉仍处于草原绿色时期的情景。那时的撒哈拉雨量充足、溪流潺潺、草木茂盛、土地肥沃。稍后，当地人开始畜牧，此时的岩画多是绘制的，地点往往选在洞穴里的岩石上。古人用十分强烈的自然主义手法表现了牛的神态和牧人的生活，这种内容在岩画中占很大的比重。画面上主要是平原放牧情景，牧民们赶着膘肥体壮的长角牛群，披着晚霞归来，妇女们跑出小屋迎接亲人，孩子们在牛群中嬉戏，显示出一派安居乐业的景象。随后，绘画主题发生了变化，岩画中出现的动物多为马、牛，而犀牛、长颈鹿等形象则从岩画中消失了，这隐含着撒哈拉沙漠化的开始。

公元前2世纪，骆驼替代了马，这说明沙漠化进一步加剧了。

在这些壁画和岩刻中，人们还发现了两种特殊的文字。这些文字的特点是没有表示母音的符号，虽然可以读出，但其含义是极难理解的；文字可以上下左右任意自由地书写，被称为"笔耕式"的书写法。在这两种文字中，一种存在于公元前2世纪之前，通行于罗马时代的全盛时期，在撒哈拉的各种碑文中都有出现，恰与骆驼被带到撒哈拉的年代相符；另一种是在上述"撒哈拉文字"之后出现的更为简化的古代拉费那固文字。

阿杰尔高原上拥有无数形状奇特的岩塔。

第四章
历史名城
Part 4
Centuries-old City

　　城市，永远是一个国家的灵魂。滔滔流年，可以冲刷掉一切人为留下的痕迹，而那些美轮美奂的城市，却宛如一颗颗耀眼的星，在遥远而古老的天幕上散发出璀璨夺目的光芒。

　　圣彼得堡、慕尼黑、布拉格、萨尔斯堡、罗马、南京……这些历史名城集中了大量原汁原味的历史文化景观，它们是城市最佳的注脚、永恒的风景。当世界上的大部分地区还在黑暗中沉默的时候，文明的曙光却已经从这里升起。

　　这些不朽的历史文化名城，不仅传递着各自国家和民族的文化气息，而且，在过去与未来的时代交织中，也焕发着无与伦比的魅力。

圣彼得堡 · *St. Petersburg* · 俄罗斯

位置	波罗的海芬兰湾东部涅瓦河畔
年代	始建于1703年
特别点评	俄罗斯黄金时期文化的见证，俄罗斯的"精神首都"

历史名城

1703年，为了促进俄罗斯的现代化，彼得大帝力排众议，在芬兰湾东岸建立了与莫斯科风格迥异的新首都——圣彼得堡，成为帝俄时代的通海门户。18世纪中叶，女皇凯萨琳二世聘请了法国、意大利及俄罗斯本国的建筑师，将圣彼得堡建造成当时欧洲最美、也最富有文化气息的城市之一。第一次世界大战期间，俄罗斯对德宣战，原为德国名字的圣彼得堡改名为俄名"彼得格勒"；十月革命胜利后，俄罗斯首都迁回莫斯科，圣彼得堡再次更名"列宁格勒"；1991年苏联解体后，恢复旧称"圣彼得堡"。如今，圣彼得堡已经成为俄罗斯第二大城市，在这里，具有浓重北欧风格与西欧风格的建筑并存，昭示着这座历史名城独特的文化品位。

位于圣彼得堡市中心格里波叶多夫运河附近的复活大教堂是一座典型的俄国式教堂，已有百年历史。

俄罗斯的精神之都

圣彼得堡城市建设规模宏大、设计完美，代表了一种独特的艺术成就。它不仅是一座景色秀丽的文化名城，同时也是一座科学技术和工业高度发达的现代化城市，被称为"俄罗斯的艺术之城"与"精神之都"。圣彼得堡有俄罗斯最古老的普希金剧院，藏书最为丰富的谢德林图书馆以及久负盛名的芭蕾舞艺术团。同时，圣彼得堡也是俄罗斯重要的教学和科研中心之一，保存有彼得大帝时代建立起来的科学院。全市共有40多所高等院校、400多个科研机构，其中包括了著名的国立圣彼得堡大学和国立圣彼得堡技术大学。而50多座博物馆和众多的名人故居，又为圣彼得堡赢得了"博物馆城"的美誉。

宫殿·教堂·故居

夏宫又被称为"彼得宫"，始建于1704年，占地10平方千米，以其豪华壮丽享有"俄罗斯的凡尔赛"之誉。全宫包括大宫殿、下花园、玛尔丽宫、奇珍阁、亚历山大花园和茅舍宫等建筑。大宫殿是宫中的主要建筑，内外装饰奢华，两翼均有镀金穹顶。大宫殿前有被称为"大瀑布"的著名喷泉群，这里装饰着37座取材于希腊神话的金色塑像、150个小型雕像、29座浅浮雕，还有64个喷泉和2座梯形瀑布。在阳光照射下，这些喷泉形影交错，蔚为奇观。值得一提的是，这些喷泉瀑布全靠水的自流形成，因此，不论其近乎完美的艺术观赏性，还是其高超绝妙的技术工艺，均为古今罕见。下花园占地1.02平方千米，按几何图形匀整铺列。下花园偏西的海边有玛尔丽宫，它曾是沙皇私人起居处，规模不大但装饰豪华，配备有果树园、暖房、禽舍、鱼池等。 冬宫位于夏宫附近，建于1754~1762年，是18世纪

中叶俄国巴洛克式建筑的杰出典范。宫殿内部以多种艺术珍品装饰，色彩缤纷，豪华而又典雅。1762年凯萨琳二世即位后，为了收藏来自各地的大量艺术品，下令在冬宫左翼兴建一座别馆，命名为"艾尔米塔什"，即法语的"秘密之屋"。19世纪初俄罗斯帝国崩溃，艾尔米塔什、冬宫，以及建于1783~1787年间的剧院，一起被纳为国家博物馆。

位于圣彼得堡市中心的格里波叶多夫运河边的复活大教堂也叫"滴血大教堂"或"喋血教堂"，于1883~1907年建造，为纪念亚历山大二世沙皇被革命激进分子杀害而建。亚历山大二世在俄国历史上被称为"农奴解救者"，他为俄罗斯作出了许多贡献。为了怀念这位为人民而牺牲的仁君，民众在其出事地点，兴建了这座具有特别历史意义的纪念堂。按当时的设计要求，它必须充分体现俄国风格，所以建筑师巴尔兰德以莫斯科红场上的圣瓦西里升天大教堂为蓝本，建造了这座教堂，但与其蓝本相比，

辉煌的冬宫

其外貌更加美丽、生动。

在圣彼得堡还有众多的名人故居，其中最著名的莫过于俄国伟大诗人普希金学习和居住过的皇村，现为普希金城。城里建立了普希金文物保护区，其中有诗人就读的皇村中学、诗人居住过的房舍等，里面收藏着普希金的生平资料、作品及私人物品。

冬宫前的广场

格林尼治 · *Greenwich* · 英国

位置 ｜ 英国伦敦泰晤士河畔
年代 ｜ 14世纪初具规模
特别点评 ｜ 拥有划分世界时区起点和皇家宫殿的海滨小城

格林尼治俯瞰图

"伦敦咽喉"

格林尼治是海上船舶循泰晤士河进入伦敦的必经之地，素有"伦敦咽喉"之称。它位于泰晤士河南岸，是都铎王朝和斯图亚特王朝统治时期宫廷生活的中心，也是英国17~18世纪天文与航海史的见证。1425年，亨利五世的兄弟格洛斯特公爵在格林尼治始建宫殿，此后的亨利七世、亨利八世、伊丽莎白一世等国王都对其喜

爱有加，并不断进行扩建。1558年，格林尼治正式成为了皇室的夏季行宫。因为皇室宫殿的存在，格林尼治城被规划得井然有序，夏宫与泰晤士河岸边热闹的码头、严整的古典主义建筑、繁华的市集，以及开阔的山坡地，共同构成了这个城市独特的风景，使得格林尼治成为散发着独特魅力的小城。

东西半球的交汇点

今天的格林尼治对于全世界来说，是国际标准时间的产生地。1884年，格林尼治被

宣布为计算西欧时间，即格林尼治平均时间的地方。镶嵌在"子午线之屋"外地面上的一条笔直的铜线，象征着虚拟的零度经线，也就是所谓的"本初子午线"。游人总是喜欢跨站在这条线上，拍下一张一脚站在东半球而另一脚站在西半球的珍贵照片。

天文台·海军学院·皇后之屋

格林尼治的皇家天文台虽然早已停止天文观测，然而它作为世界标准时间制定点的荣誉并未受到影响。1884年，华盛顿的一次国际会议决定以通过格林尼治皇家天文台的经线为子午线，也就是划分世界各时区的基准点，来表彰英国过去对世界天文学研究所作出的贡献。格林尼治因此

皇家海军学院距泰晤士河仅一步之遥。

皇家海军学院中间的精致小楼就是皇后之屋。

显示格林尼治标准时间的老钟

皇后之屋中最著名的装潢——郁金香阶梯

成了地球经线的起始点，众所周知的格林尼治标准时间便由此而来。今天，天文台原址已经成为国家航海博物馆的一部分，陈列着英国早期各种天文观测仪器、天文时钟、天象图和航海图。天文台大门外的砖墙上，镶有1851年安装的大钟，至今世界各国仍以此为国际标准时间。

从码头水岸往内陆延伸的皇家海军学院是整个格林尼治最为壮观的建筑，也是具有井然有序的轴线配置和匀称比例的古典主义建筑。学院最早是供海军伤病官兵进行疗养的皇家医院。1873年，皇家医院转型为皇家海军学院，成为训练当时世界上最强大的英国海军的主要场所。皇家海军学院两侧是国家航海博物馆。在航海博物馆里，人们可以观看到昔日航海大国的航海文化遗产。另外，在港口码头附近，有1869年下水的"丘提萨克"号快艇，船上收藏有许多雕像及有关海洋的绘画和印刷品。

皇后之屋是座精美的两层白色小楼，是英国有史以来第一栋呈现帕拉迪奥风格的建筑物。这栋白色小楼建成于1635年，给人一种清新可喜的安宁感。此后，为了庆祝英国特拉法加战役的胜利，皇后之屋又扩建出两个配殿。1834年，介绍航海探险史与英国海军光荣史的国立海事博物馆，也在皇后之屋的西翼正式开馆，此馆一直到现在都是世界最佳海事博物馆之一。

格林尼治天文台

慕尼黑 · *Munich* · 德国

位置	德国巴伐利亚州首府
年代	12世纪初具规模
特别点评	传统与时尚共存的城市

自由之城

慕尼黑是德国南部巴伐利亚州的首府兼文化中心，地处阿尔卑斯山北麓，濒临伊萨尔河，现为德国第三大城市，也是世界著名的博览会之城。慕尼黑人文荟萃，为世界经济、科学技术的发展作出了重要的贡献。传统与时尚在慕尼黑共生共存，使得城市在保守的德国南部算是自由主义气氛比较浓厚的都市。同时，慕尼黑还是世界著名的音乐之城，杰出的作曲家施特劳斯就诞生在这里。各式各样为数可观的博物馆，以及各种音乐、戏剧盛会，使得慕尼黑成为了国际驰名的大都会。

啤酒的故乡

慕尼黑啤酒节源于1810年为庆贺巴伐利亚君储与黛丽丝公主共结百年之好而举行的一系列庆祝活动。德国的十月正值大麦和啤酒花丰收的时节，人们在辛勤劳动之余，也会欢聚在一起，喝酒、唱歌、跳舞，以表达内心的喜悦之情。这一传统节日一直延续至今。近年来，随着德国经济的高速发展，慕尼黑啤酒节的规模也越来越大。这一啤酒盛会之所以闻名，不仅因为它是全世界最大的民间狂欢节，而且也因为它完整地保留了当地的民间风俗。人们用华丽的马车运送啤酒，在巨大的啤酒

木偶报时钟

帐篷内开怀畅饮，欣赏巴伐利亚铜管乐队演奏的民歌乐曲和令人陶醉的情歌雅调。人们在啤酒节上品尝美味佳肴的同时还举行一系列丰富多彩的娱乐活动，如赛马、射击、杂耍、各种游艺活动及戏剧演出、民族音乐会等。人们在为节日增添喜庆欢乐气氛的时刻也充分表现出本民族热情豪放、活力四射的性格。

慕尼黑全景

公园·古堡

英国公园位于慕尼黑伊萨尔河畔，占地达3.5平方千米。大概是由于在园林营造上仿效了英国，因此得名"英国公园"。园中草坪浓绿，小径蜿蜒，成群的野鸭在小河中畅快地嬉水，优雅的天鹅在草坪上悠闲地沐浴阳光。园内有个古朴的楼阁式五层木塔，檐端悬挂着小钟，起名为"中国塔"，建于200年前。这座塔大概是当时向往东方艺术的欧洲人半凭传说、半凭想象建造出来的。而著名的慕尼黑奥林匹克公园则是一组高度集中的特大型体育建筑群，是1972年第20届夏季奥运会的举办场地，也是目前慕尼黑市民最佳的运动场所。慕尼黑奥林匹克公园体现了环境的和谐之美，是现代奥林匹克运动赛事迈向现代化的里程碑式建筑。整个公园由33个体育场馆组成，奥林匹克体育场是奥林匹克公园的核心建筑。体育场可容纳8万观众，最令人惊奇的是它的顶篷是一个由50根吊柱吊起的几张半透明"鱼网"组成的帐篷式屋顶，面积广达7.5万平方米，全部由人造有机玻璃构成。奇特的构想、别致的造型，使体育场屋顶成为世界建筑史上的一项奇迹。

奥林匹克体育场

宁芬堡是巴伐利亚历代君主的夏宫，坐落在慕尼黑西北郊，占地极广。18世纪初，王储马克斯将他母亲简朴的乡间别墅扩建成了豪华宫殿。整座宫殿坐西朝东，正面长达600米，主楼雄伟壮观，展开的两翼对称和谐。宫殿前的一潭清水与水中的天鹅野鸭、冲天的喷泉、浓荫掩映的人工河，构成一幅宁静典雅的风景图。宫殿内的众多厅堂之中，值得一提的是"中国之阁"，里面的装饰摆设全是中国式的，壁纸屏风上大都绘着龙凤、山水、花鸟、虫鱼的图案，还陈列着中国的漆器和瓷器。宁芬堡后面是宫廷式园林和广阔的草地林木。掩映在万绿之中的，是一所小巧玲珑的狩猎行宫——阿玛琳宫，内部装饰纤巧精美，是洛可可式宫殿中罕有的艺术珍品。

奥林匹克公园里的电视台转播塔

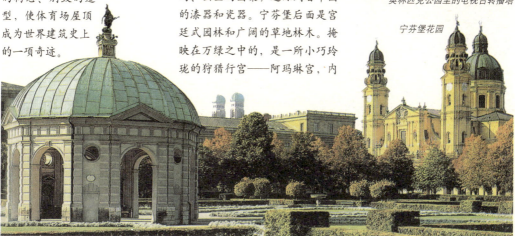

宁芬堡花园

布鲁塞尔 · *Brussels* · 比利时

位置 ｜ 比利时中部斯凯尔特河支流森纳河畔
年代 ｜ 始建于公元979年
特别点评 ｜ 拉丁文化与日耳曼文化交融的"十字路口"，被誉为"欧洲的首都"

"欧洲的首都"

比利时首都、历史名城布鲁塞尔，是一座拥有1000多年历史的古老城市，总面积162平方千米，市区略呈五角形，以中央大街为界限分为上城和下城两部分。历史上的布鲁塞尔是拉丁文化与日耳曼文化交融的汇合地，16世纪以来，曾先后被西班牙、奥地利、法国和荷兰侵占。比利时王国位于西欧的中心地带，布鲁塞尔作为这个有"欧洲心脏"之称的国家的首都，不仅设有欧洲原子能联营与比荷卢经济联盟总部，欧盟与北约的一些政治、经济及军事问题也常常在这里商讨解决。因此，布鲁塞尔也被称为"欧洲的首都"。

"小巴黎"

布鲁塞尔有着欧洲最迷人的中古风貌，中世纪的美感与神秘真实地存在于这个城市的每一个角落。名扬四海的布鲁塞尔大广场就位于这座美丽城市的中心。广场建于12世纪，长不到百米，宽三四十米，用花岗石铺砌路面，四周耸立着哥特式、文艺复兴式、路易十四式等建筑物，行走其中，使人宛如置身于中世纪。风景如画的自然环境使这座既古老又富有生机的城市处处显得和谐、恬静。布鲁塞尔也因此拥有了"小巴黎"的美称。

王宫·教堂·市政厅

位于市区的王宫建筑呈现出富丽、雄伟、壮观的风格。王宫在布鲁塞尔公园的附近，驻有皇家卫队。虽然规模不大，但其14世纪的建筑外观仍使其一度成为荷兰国王及比利时国王的居所，而现在则被作为接待外宾之用。

圣米歇尔教堂是具有法国风味的哥特式建筑，内部陈设华丽，气氛庄严。它是比利时很重要的教堂，正面的大门只会在有国家大事时才打开。

在布鲁塞尔广场的南侧，有一座巍峨古朴的大厦，即布鲁塞尔市政厅。

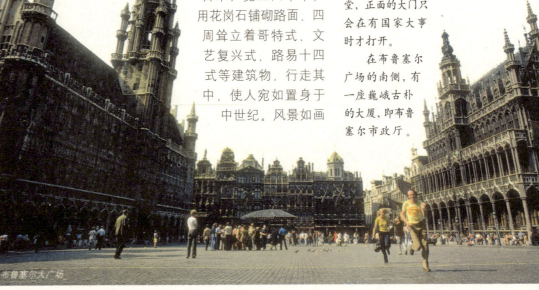

布鲁塞尔大广场

比利时独立精神的象征——撒尿小孩铜像

这是一座典型的古代佛兰德哥特式建筑，空灵高耸，壮观宏伟。市政厅始建于1402年，于1480年完工。市政厅大楼上面的厅塔高91米，顶上有5米高的布鲁塞尔城守护神圣米歇尔的铜像。由于市政厅曾分三个时期建成，因此在扩建和整修的过程中造成了厅塔与大门、侧门位置的偏离，建筑师亦因此跳楼身亡。可是，早逝的设计者没有想到，这幢高大美观、精致华丽的大厦给人们带来了极大的艺术享受，足以弥补因"偏差"造成的遗憾。

铜像·鲜花·咖啡馆

举世闻名的撒尿小孩铜像位于布鲁塞尔大广场北面。这个正在撒尿的儿童，是比利时人引以为豪并被誉为独立精神象征的"布鲁塞尔第一公民"——小于连。据说在古代，西班牙入侵者撤离前准备炸毁全城，一位勇敢的儿童用尿浇灭了炸药的导火索，保住了城市，而这名儿童却中箭身亡。1619年，布鲁塞尔市民塑造了这尊铜像，以示纪念。铜像高半米左右，坐落在一个约

夜晚的布鲁塞尔大广场别有一番风韵。

2米高的大理石雕花台座上。雕像中的小于连翘着小鼻子，调皮地微笑，显得十分天真、活泼。他光着身子，叉腰露肚，无拘无束地在人们面前撒着"尿"，整座雕像姿态生动，形象逼真。有趣的是，平时小于连"撒"的是自来水，狂欢节时"撒"的则是啤酒。

每隔两年，布鲁塞尔市政府都要在大广场举行"大广场鲜花地毯节"。届时，人们会把鲜花铺在广场的中心，使整个广场看上去如同一张被鲜花织成的地毯。在广场的中间有三个圆形喷泉，晶莹的水珠与鲜花交相辉映，景色和谐优美。鲜花地毯节每期都有一个主题，其中1988年的主题就是"中国"，图案取自中国新疆的地毯。

著名的天鹅咖啡馆位于布鲁塞尔大广场一侧，曾是马克思和恩格斯当年居住和工作的地方，因门上饰有一只振翅欲飞的白天

鹅而得名。1845年2月，马克思由巴黎迁居布鲁塞尔，同年4月恩格斯也迁来于此。此后，天鹅咖啡馆成为他们共同创建共产主义通讯委员会和德意志工人协会的重要场所。在此期间，马克思写出了著名的《哲学的贫困》和《共产党宣言》等作品。

布鲁塞尔市政厅

布拉格 · *Prague* · 捷克

位置	捷克拉贝河支流伏尔塔瓦河畔
年代	始建于公元5世纪中期
特别点评	欧洲最美丽的城市之一，"世界建筑艺术博物馆"

登高远眺，布拉格满城皆是漂亮的红顶房屋。

老城布拉格

捷克首都布拉格坐落在拉贝河支流伏尔塔瓦河两岸，是一座美丽而古老的山城。布拉格地处欧洲大陆中心，历史悠久，整座城市分布在七座山丘上。自从公元5世纪斯拉夫人到达这个地区，布拉格就开始了它漫长而多舛的历史。公元9世纪的摩拉维亚大公国创造了捷克历史上的繁盛时期，古老的布拉格城堡就是在那个时期建成的。公元950年，奥托大帝将大公国并入神圣罗马帝国版图。1526～1848年是哈布斯堡王朝在捷克的统治时期，布拉格在这一时期获得了很大的发展，并逐渐成为欧洲最大、最重要的都市之一。

"世界建筑艺术博物馆"

18世纪，中欧局势稳定，经济复苏，布拉格人口开始逐渐增多，日耳曼、西班牙、意大利的商人云集于此，给布拉格的城市建筑风格和经济文化生活带来很大影响。现在的布拉格拥有各类古建筑1700多处，故有"世界建筑艺术博物馆"之称。该市最古老的建筑是维舍赫拉德城堡，始建于公元9世纪下半叶。这里还有中欧第一所大学——查理大学，以及融哥特式与巴洛克式建筑艺术为一体的查理桥，两者分别建于1348年和1357年。更值得一提的是，布拉格所有的广场、街道、居民住宅楼都是五颜六色，很少看见某种单一纯粹的色彩。绝大多数建筑的外部都被涂上一些粉色系列的混合色彩，比如水粉色、黄粉色，为这座城市平添了几分浪漫之美。

城堡·教堂·桥

布拉格古城堡始建于公元880年，自第一代奠基人普热米斯尔家族开始修建以来经历了上千年的变迁。在国内外建筑师和艺术家的多次改建、装饰下，布拉格古城堡集中了各个历史时期的艺术精华，是捷克最吸引人的游览胜地之一。布拉格古城堡过去是皇帝、国王的宫殿，现在是

著名的布拉格古钟

布拉格城堡

捷克总统为外国元首来访举行欢迎仪式和接受各国大使递交国书的地方。站在古城堡上眺望整个布拉格市，美景尽收眼底。布拉格古城堡内有三座庭院、几条古老街巷和画廊、花园，以及捷克最大的哥特式教堂——圣维特大教堂。

圣维特大教堂是布拉格城堡最重要的地标，也是王室举行加冕仪式的地方。在教堂入口处左侧有美丽的彩色玻璃，它们是布拉格著名画家穆哈的作品，为这个有千年历史的教堂增添了不少现代感。在圣坛后方，有纯银打造、装饰华丽的建筑——圣约翰（著名的宗教改革者）之墓。与圣约翰之墓相比，教堂内的圣温塞斯拉斯

礼拜堂更加突出金碧辉煌的装饰色彩，具有很高的艺术价值。此外，在布拉格的小城区保留了许多弯曲狭小的街道和以巴洛克风格为主的宫殿式建筑，完好地保存了中世纪的风貌。其中，建于17~18世纪的圣尼古拉教堂被誉为布拉格巴洛克式宗教建筑的典范。目前所见的圣尼古拉教堂完成于1735年。教堂内的圆顶建筑绘有描述圣尼古拉和圣本笃生平的壁画。

查理桥横跨伏尔塔瓦河，始建于1357年，于1400年竣工。此桥是捷克国王查理四世下令建造的，因此得名"查理桥"。桥身长520米，宽10米，有16座桥墩，桥面由砖石所砌。查理桥以罗马天使桥为样板建造，是典型的哥特式建桥艺术与巴洛克雕塑艺术的完美结合，具有独特的建筑风格。桥的一端入口处耸立着

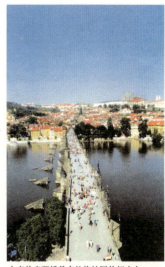
古老的查理桥是布拉格地区的标志之一。

查理四世的全身雕像，两侧是带着巴洛克浮雕的哥特式门楼，桥两边的石栏杆上还有30座雕像，造型美观庄严。

圣维特大教堂

圣尼古拉教堂

萨尔斯堡 · *Salzburg* · 奥地利

位置 ｜ 奥地利阿尔卑斯山北麓，萨尔察赫河畔
年代 ｜ 约建于公元8世纪
特别点评 ｜ 阿尔卑斯山下的音乐之城

萨尔斯堡古城区

"北方的罗马"

奥地利北部城市萨尔斯堡位于阿尔卑斯山北麓，萨尔察赫河两岸，与德国巴伐利亚州毗邻。它是萨尔斯堡州首府，也是旅游胜地和音乐艺术中心，建造之初是作为大主教的驻地，在历史上曾充当过欧洲的宗教、学术、工业与艺术中心。16世纪时，萨尔斯堡经过不断的美化和修饰，整个城市成为具有罗马风格、哥特式风格、文艺复兴风格建筑的和谐统一体。萨尔斯堡集阿尔卑斯山的秀丽风光、丰富多彩的建筑艺术以及众多的名胜古迹于一体，因此有"北方罗马"之称。

童话中的城市

萨尔斯堡整座城市分布在萨尔察赫河两岸，偎倚在白雪盖顶的阿尔卑斯山峰之间，有苍郁的陡山围绕，这使它充满了童话般的魅力。早在罗马时期，萨尔斯堡就成为了欧洲的贸易中心。萨尔斯堡以产盐闻名，它的盐业交易非常繁荣，其名字"萨尔斯"就是"盐的城市"的意思。整座城市被萨尔察赫河分为了两部分：河左岸是老城区，集中了历史

莫扎特广场上的莫扎特铜像

上的著名建筑，时代久远，古色古香；右岸为新城区，建筑新颖，景象繁华。老城区的主要名胜有建于1077年、矗立在门希斯贝格山巅的古城堡，它是中欧地区保存最完整、规模最大的一座中世纪古堡。古城区还有建于1223年的圣方济会教堂，它是奥地利第一座意大利式教堂建筑。而新城区的名胜古迹主要有圣塞巴斯蒂安教堂、圣三一教堂和莫扎特纪念馆。美轮美奂的建筑将萨尔斯堡装扮得宛如神话中的仙境，而它的文化与艺术又使其充满了丰厚的人文底蕴，不愧为欧洲的历史名城。

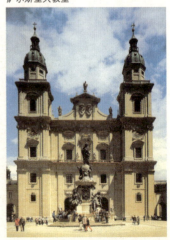
萨尔斯堡大教堂

米拉贝尔花园

莫扎特故居

古城堡·修道院

　　萨尔斯堡的古城堡建于1077年，完全继承了中欧城堡的风格。城堡由大主教格博哈德主持修建，后由雷翁哈德·克罗查赫主教进行扩建，并形成了今天的面貌。在漫长的历史中，古城堡没被任何进攻者侵占。过去，城堡常年被用作防御工事，间或也作为主教宫邸。同时，它还充当过兵营和监狱的角色。沃尔夫·迪特里希主教就是在这里被他的侄子及继承者马尔库斯·西提库斯囚禁5年之久，直到1617年去世。

　　圣彼得大修道院不仅仅是奥地利、德国和瑞士三国现存最古老的基督教寺院，同时也是萨尔斯堡这个人文都市的象征。修道院中原属罗马风格的教堂建于1130～1143年，18世纪重修时改造为晚期巴洛克风格。修道院礼拜堂的内部设计堪称洛可可建筑中的一颗明珠，圣坛上的画像是画师约翰·马丁·施密特的杰作。莫扎特就是在这里第一次上演了他的C小调弥撒曲；每年在音乐家逝世纪念日的前夜，他的安魂曲便会在这里奏响。

圣彼得大修道院

花园·故居

　　大主教沃尔夫·迪特里希于1606年为他的情人莎乐美·阿尔特在城墙之外建造了一座宫殿，当时人们称之为"阿尔特瑙"，后改名为"米拉贝尔花园"。米拉贝尔花园是以希腊神话为底本建造的，特别值得一看的是拉菲尔·多纳建造的天使阶梯。这座阶梯直接通往大理石大厅，这座美丽的大厅今天已经成为世界上最辉煌的婚礼大厅之一。

　　在萨尔斯堡的粮食街9号，有一幢醒目的六层金黄色建筑，这就是"萨尔斯堡最伟大的儿子"——莫扎特的诞生地。1756年1月，莫扎特出生在这幢房子的四楼。现在，这里已经变成了莫扎特纪念馆。这里陈列着一些简单的家具以及莫扎特家族的简介、莫扎特写的乐谱手稿和书信等。展品里还珍藏有莫扎特的一缕金色头发，而最有意义的纪念品当属莫扎特用过的第一把小提琴和第一架钢琴。为了纪念莫扎特在音乐上的不朽成就，萨尔斯堡每年都会举办音乐节。音乐节上演奏的主要曲目均以莫扎特作品为主。音乐节规模盛大，保持着欢快活泼的气氛，是萨尔斯堡令人难忘的盛景。

格拉茨 · *Graz* · 奥地利

位置	奥地利南部穆尔河畔
年代	约建于公元4世纪
特别点评	哥特式、文艺复兴式与巴洛克式建筑风格交融的古城

现当代艺术的先锋城市

格拉茨是奥地利第二大州施泰尔马克的首府和经济文化中心,也是奥地利的第二大城市。格拉茨拥有875年的文字记载历史,同时又是一个文化艺术之城,有着丰富多彩的戏剧节目、富有创新精神的艺术画廊和欧洲最早的爵士乐艺术学校。在20世纪70年代,格拉茨就是奥地利前卫艺术的发源地之一。城市公园论坛、格拉茨作者集会以及前卫艺术节"施泰尔之秋"等活动使格拉茨成为当代艺术的前沿阵地。可以说,古典主义与现代风格在这个中欧城市得到了完美结合,格拉茨也因此成为了中欧现当代艺术中的一个先锋城市。

小城剪影

与奥地利的其他城市一样,格拉茨显得小巧而精致,在悠久历史的浸润之下,格拉茨给人的第一印象是宁静而又有条不紊。每年300多天阳光普照的日子又使得小城生机勃勃,处处散发着浪漫气息。走在格拉茨的狭窄街道上,很容易让人产生时光倒流的错觉,这里只有红瓦灰墙古色古香的建筑和远处教堂悠扬的钟声。尽管城市不大,但特殊的地理位置

从穆尔河边眺望格拉茨城郊

使格拉茨一直是欧洲各种文化和思想流派交汇的中心,罗马人、斯拉夫人和日尔曼人都在这里留下了足迹。同时,格拉茨也秉承了奥地利人悠久的音乐传统,世界著名作曲家舒伯特曾经在这

格拉茨之夜

古老的兰德宫是著名的文艺复兴式建筑。

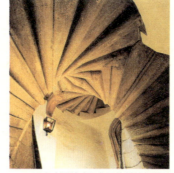

王宫内哥特式双曲回旋梯的仰视图

里生活过，城中也终年召开和上演令人目不暇接的音乐会和戏剧节目。

宫殿·教堂·陵墓

在格拉茨的众多古建筑中，最具有代表性的莫过于位于老城中心、建于1557~1565年的兰德宫，该宫由意大利建筑师阿利欧所设计。兰德宫是一座有着优美列拱与庭院的宫殿，是仿造伦巴底地区某幢宫殿的形式设计兴建的，建筑物的结构呈口字形。然而极具特色的是，口字形建筑物的其中一面只有拱廊而没有楼房，这样的空间设计有些开放剧场的味道。此外，兰德宫主建筑共三层楼高，主要楼层除了有相当宽敞的回廊外，回廊外半圆形的拱窗也使得典雅的建筑物极富韵律感。楼层上一排精致的窗户，采用了典型的长方形样式，窗上还有三角楣装饰，洋溢着浓厚的文艺复兴风格。而王宫里面最令人赞叹的建筑物，当属那座建于1499年、连接城堡及宫廷住所的哥特式双曲回旋梯。这座用古罗马陵墓石材所建的4层楼高的阶梯，如蝴蝶展开双翼般从中心向左右两边外翻，回旋上升后又在中

间交汇，是欧洲哥特式晚期最美丽的阶梯之一，给人们带来梦幻般的视觉效果。

格拉茨大教堂建于1438~1462年，是腓特烈三世下令兴建的皇家教堂。查理二世大公居住在格拉茨期间，亲自将耶稣会教士召到大教堂，与新教的扩张相抗衡。此后200年间，大教堂一直由耶稣会教士所掌控。18世纪初期，大教堂内部除了本身的建筑结构外，几乎全部翻新成巴洛克式装潢。1773年教皇克里门十四世解散耶稣会后，大教堂内原来的教区教堂、

皇家教堂、耶稣会教堂才改建为今日的大教堂，成为集犹太教、基督教和伊斯兰教于一体的宗教建筑。

1614年，斐迪南二世委任他的宫廷建筑师在格拉茨大教堂旁边兴建了一座极具纪念意义的陵墓。这座庞大的建筑现在已经成为哈布斯堡王朝最令人瞩目的陵墓和奥地利境内最重要的历史建筑之一，同时还是格拉茨当地建筑由文艺复兴风格转变成巴洛克风格的代表。巨大的陵墓建造在椭圆形的土地上，从空中俯视，整个建筑物呈拉丁十字形，其圆顶已成为格拉茨旧城区醒目的天际风景线。

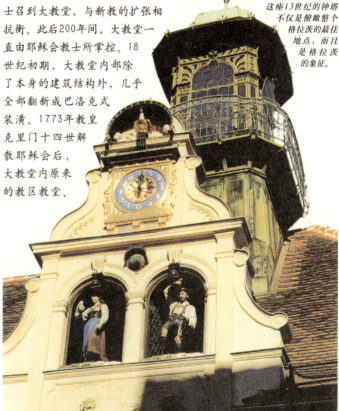

这座13世纪的钟塔不仅是俯瞰整个格拉茨的最佳地点，而且是格拉茨的象征。

布达佩斯 · *Budapest* · 匈牙利

位置 ｜ 匈牙利首都，位于多瑙河畔
年代 ｜ 约始建于公元1世纪
特别点评 ｜ 横跨多瑙河的千年古城，"钢琴之王"李斯特的故乡

多瑙河上的明珠

布达佩斯是匈牙利的首都，因其悠久的历史及秀丽的风光而享有盛誉。布达佩斯被由北向南流淌的多瑙河一分为二，西岸的布达和东岸的佩斯由河上的8座大桥紧紧相连，城市也由此得名。布达属丘陵区，街道房屋随地形起伏而建；佩斯属平原区，平坦而开阔。布达城历史悠久，据记载，早在2000多年以前，凯尔特人已定居在它的北面。公元1世纪初，古罗马军队曾在此驻屯。1361年布达成为匈牙利都城。佩斯城始建于公元3世纪初。1541年起，土耳其统治布达与佩斯达150年之久。1872年起，布达与佩斯加上城堡山以北的老布达合并为布达佩斯，并且作为了后来成立的奥匈帝国的首都。布达佩斯拥有优越的地理位置、绚丽的自然风光和古典与现代风格巧妙结合的城市建筑，因此又有"多瑙河明珠"的称号。

始建于13世纪的布达皇宫建在多瑙河右岸，19世纪中期起得到修复及扩建，成为匈牙利著名的新巴洛克式建筑。

"音乐之乡"

布达佩斯古老的教堂、雄伟的皇宫和现代化的建筑使访问这座城市的人们应接不暇。特别是多瑙河上大大小小的桥，多姿多彩，各具风格，构成了布达佩斯城独有的景观。同时，匈牙利还是一个具有悠久音乐传统的国家，在历史上曾经出现过许许多多享誉世界的音乐家，被誉为"钢琴之王"和"钢琴中的帕格尼尼"的弗兰茨·李斯特就曾在这里生活过。另外，布达佩斯还有许多世界一流的音乐厅。在漫长的历史岁月中，布达佩斯饱经劫难，

布达佩斯国会大厦

而匈牙利人则一次又一次地在废墟上重建了它，悠久的历史使布达佩斯具有了浓郁的文化气息，美丽的多瑙河又为它增添了迷人的自然色彩，这一切都使这座古城像一幅优美的画卷一样展现在世人面前。

国会大厦·渔人堡·歌剧院

坐落在多瑙河之滨的布达佩斯国会大厦是布达佩斯的象征，也是一座宏伟壮观的新哥特式建筑。国会大厦长268米，最宽处达118米，平均高42米，大厦中心圆形拱顶的尖端高96米，周围有2个哥特式大尖顶和22个小尖顶，是世界建筑艺术中的珍品。整个大厦共有691个房间，楼梯总长达20千米。大楼虽然是哥特式建筑，但也融合了匈牙利的民族风格：其主要的厅室里都用匈牙利历史名人的肖像和雕塑以及表现匈牙利历史大事的巨幅壁画装饰。大楼拱顶下是个金碧辉煌的圆顶大厅，重大的会议和庆典都在这里举行。大厦的外部装

饰，包括塑像、浮雕、花纹、尖塔等，由55万块石头组成。由于原先使用的石灰石经过长年的雨水冲刷，已渐渐溶蚀。1945年匈牙利解放后，政府便着手把55万块石灰石全部用坚硬的大理石替换。

渔人堡位于布达佩斯的城堡山上，面向多瑙河。它将新罗曼风格的尖塔、长廊和拱门建在中世纪的古城墙上，是一座造型别致的建筑。渔人堡建于1905年，用以纪念当地渔民抵御外敌而壮烈牺牲的英雄伟绩。渔人堡四周环境优美，景色十分秀丽，站在这里可以鸟瞰布达佩斯全城的美丽风光。如今，渔人堡是布达佩斯市民晚饭后悠闲散步的重要场所。

布达佩斯还有著名的匈牙利国家歌剧院，是由匈牙利建筑师米克劳斯·伊比尔设计的，建于1884年，是一座富丽堂皇的音乐殿堂。在这里，人们除了欣赏音乐外，还可体会音乐所包含的历史与文化。行走其间，人们如同置身于一个博物馆。这里有许多19世纪新文艺复兴式的绘画与雕塑，一些匈牙利著名的音乐大师如艾凯尔、李斯特、巴托克等人

多瑙河将布达佩斯一分为二。

马加什教堂原名"布达圣母教会"，是历代匈牙利国王加冕之处，其彩色屋顶十分有名。

的画像或手迹也在这里展出。该剧院可以容纳1300多人，在过去的一个多世纪，这里上演了无数精彩的歌剧、音乐剧，举办过无数交响音乐会。

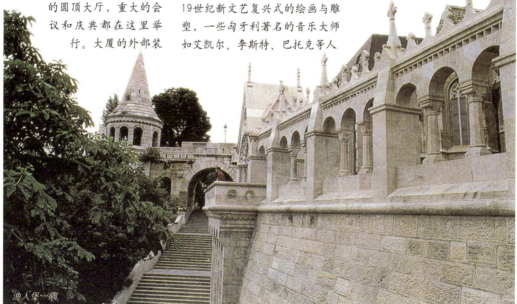

渔人堡一隅

威尼斯 · *Venice* · 意大利

位置 | 意大利亚得里亚湾西北
年代 | 始建于公元5世纪
特别点评 | 建于水上的城市，市内以桥为路，以舟代车，是举世闻名的"水都"

里亚尔托桥离水面7米高，桥上中部建有厅阁，桥下的小船缓缓驶过。

千年古都

威尼斯最初建立于公元5世纪，是由饱受当时罗马帝国战乱之苦的民众上岛建立的。公元7世纪中叶，威尼斯始具政治独立性，称"拜占庭威尼斯群岛"。公元9世纪中叶，它成为了独立于拜占庭的城邦国家的中心，势力一度遍及整个地中海地区。此后，欧洲的文艺复兴运动促进了城市经济的繁荣，威尼斯几乎独占了东地中海的贸易，成为欧洲最繁华的贸易中心之一，许多充满中世纪文化艺术气息的教堂、宫殿也在此时拔地而起。后来，奥斯曼帝国的崛起切断了地中海东、西贸易的通道；同时，随着世界新航线的开辟，欧洲商业中心逐渐移至大西洋沿岸，威尼斯经济逐渐衰落，最终于1866年并入意大利王国。1869年，随着苏伊士运河的通航，地中海沿岸国家的贸易往来重新活跃，威尼斯再度繁荣。20世纪60年代以来，威尼斯成为意大利北部重要的工商业城市。

巴洛克风格的叹息桥联结着总督府和旁边的地牢。据说只要在桥下拥吻，爱情就能天长地久。无数情侣在这里上演深情一幕，也算得是威尼斯一景。

建在水上的城

威尼斯这座世界闻名的水上城市位于意大利亚得里亚海伸入内陆的一个泻湖之中，四周为海洋所环绕，只有西北角一条4000多米长的人工长堤与大陆连接。威尼斯全城由118个小岛构成，并由117条水道和数百座桥梁将各岛连为一体，素以便捷的舟楫交通著称于世。威尼斯的城市建筑大部分建在打入泻湖湖底的数以百万计的木桩之上，以瑰丽的中世纪艺术古迹和独特的"水都"风

圣马可广场东西长170米，西边宽55米，东边宽约80米，呈梯形，南、北、西三面被富丽堂皇的王宫建筑所环绕。

貌驰名于世。但由于威尼斯地处冲积淤泥和黏土层上，加之地表缺乏淡水资源，长期抽取地下水，以致在漫长的历史过程中，整座城市下沉了76.2厘米；现虽改用管道从山区引取淡水，陆沉现象有所缓和，但每当浪高潮大时，仍易发生海水倒灌。

大运河是威尼斯最大的水路。它见证了中世纪的无数传奇。

教堂·宫殿·广场

威尼斯的建筑不仅具有自己的特色，同时还吸收了意大利、拜占庭、哥特、阿拉伯和巴洛克式的建筑风格，市中心的圣马可教堂充分体现了这一点。圣马可教堂建于公元832年，原本是为收藏亚历山大从埃及偷窃的圣马可"遗体"而修建的。圣马可教堂的建筑方式依照希腊十字形设计法，教堂内部的地板以大理石铺就而成，墙壁上也镶有彩色的大理石；而在教堂上半部的墙壁和圆形屋顶上则镶有用黄金或玻璃制成的马赛克拼饰。这些美丽的马赛克与昏暗的教堂内部形成鲜明的对比，使它们看起来更为明亮。这所教堂和威

尼斯的历史有很大的关系，因为威尼斯很早就和东方发生接触，因此这所教堂在建筑上共同受到东西方建筑风格的影响，是东西方文化互相影响融合的结晶。

托卡雷王宫是在公元9世纪初建造的。这所王宫花费巨资，修建得极尽华丽，为的是要表现当时威尼斯共和国的权势与财富。现在的王宫是15世纪时改建的，代表了当时威尼斯共和国的富足与稳定。托卡雷王宫无论在空间的安排还是造型的美感上，都可看出建造者独具匠心的设计。

圣马可广场的建立经过若干世纪。原来的圣马可广场是教堂前的一块空地，后来变成宗教与政治活动的集会场所。圣马可教堂与托卡雷王宫的政治影响，使这块空地很早就成为政治与宗教的中心。雄伟的圣马可钟

楼是广场上最突出的标志，在上面可以俯瞰威尼斯全景。

运河·桥

威尼斯大大小小的水巷如同一般城市中的街道，3.2千米长，70米宽的大运河就是它的"主街"。在这座水城中，各式各样的船只就成了主要的交通工具。坐上小船沿河而行，大运河展开它独特的画卷，各种风格流派的建筑样式尽现风姿：许多府邸华丽端庄、白石的卷柱、五彩的檐墙、精美的花饰比比皆是；而普通的民宅却也含蓄雅致，高低错落之间透露出一股灵气。

大运河上有许多桥，与威尼斯的建筑风格极其相称。著名的里亚尔托桥是一座单孔的大理石桥，建于1590年，长48米，桥两岸曾经是欧洲的商业中心。莎士比亚的《威尼斯商人》就把这里描绘成商人和放债者的聚集地。除了里亚尔托桥，著名的叹息桥也因其忧郁的色彩吸引了无数世人的目光。过去，死囚们从这里走向刑场时，透过桥侧面的两个小镂窗看到尘世的美景和前面等待诀别的亲友时，总不免会喟然长叹，"叹息桥"因此得名。

佛罗伦萨 · *Florence* · 意大利

位置 | 意大利北部，亚平宁山麓
年代 | 建于公元前1世纪
特别点评 | 意大利文化名城，文艺复兴运动的发祥地

佛罗伦萨的城市规划和建筑艺术，都是意大利城市历史上的杰作。

1506年，被称作文艺复兴艺坛"三杰"的达·芬奇、米开朗琪罗和拉斐尔聚会于佛罗伦萨，成为世界艺术史上的千古美谈。18世纪上半叶，佛罗伦萨成了人文主义和文艺复兴的中心。1737年，佛罗伦萨沦于奥地利的统治之下。1860年意大利统一后，佛罗伦萨被定为意大利的首都，直到1971年，意大利首都才迁往罗马。

"鲜花之城"

佛罗伦萨是意大利的文化名城和文艺复兴的发源地。在意大利语中，佛罗伦萨意为"鲜花之城"。它像是一块巨大的翡翠坐落在

佛罗伦萨市政广场上的海神喷泉是为了纪念托斯卡纳海军的胜利而建的。

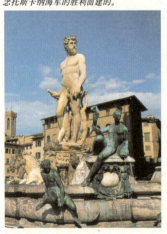

北亚平宁山麓的阿尔诺河河谷的一块平原上，四周环抱着丘陵。早在公元前8世纪时，这里就有古意大利民族定居。公元前59年，罗马人在这里建起了方形古堡式城市。此后，拜占庭人于公元539年占领了佛罗伦萨，哥特人又于公元541年夺取该城。在隆巴尔迪统治时期，佛罗伦萨获得了一定的自治。而在法兰克人统治时期，它失去了一部分疆土，居民数量也大大减少。10世纪前后，佛罗伦萨渐渐苏醒，情势开始好转。到了15世纪，佛罗伦萨已经成为著名的贸易中心和欧洲文化的发祥地。

文化之都

佛罗伦萨一直被视为文艺复兴的摇篮、意大利的雅典。它不但是意大利的骄傲，也是全人类的文化艺术瑰宝。在意大利，人们称罗马是政治之都，米兰是经济之都，而佛罗伦萨则是文化之都。佛罗伦萨本身就是一个巨大的博物馆，到处弥漫着优雅的艺术气息。它的每条街道、每座建筑、每个细节，都向人们讲述着历史的传说，演唱着古老优美的歌曲，呈现着精美的图画。4个世纪之前，佛罗伦萨的艺术、政治和商业就达到顶峰；今天，它依然生机勃勃并闪烁着昔日的光辉。

教堂·广场·老桥

圣母百花大教堂是佛罗伦萨最大的教堂。它始建于1296年，是许多艺术家和工匠好几个世纪的劳动结晶。教堂主体高达107米，其外墙用料是卡拉拉的白色大理石、普拉托的绿色大理石以及马雷马的粉红色大理石。教堂大圆顶高91米，最大直径45米，坐落在一个巨大的鼓形结构上，呈双层薄壳形，两层之间留着空隙，上端略呈尖形。圆顶用了一种新颖的鱼骨结构和以橡固瓦的方法，从下往上递次砌成，圆顶内部还装饰有壁画。教堂正殿与偏殿两侧还饰以条形的高大方棱壁柱。壁柱支撑着跨度较大的拱弧、拱柱，赋予大殿极强的美感。整个教堂结构严格按意大利哥特式规格设置，横宽竖长，很有气势。

佛罗伦萨市政广场因四周围绕的精美建筑而被视为意大利最美的广场之一。它最初是在被拆除的皇家建筑的地基上建起来的，后经扩建才形成了今天的规模。广场东南角传统的行政中心——旧宫雄视整个广场。旧宫的左侧是著名的具有晚期哥特式风格的琅琪敞廊。敞廊里面陈列着几组重要的雕塑作品，其中较著名的有切利尼的《帕尔修斯》和章博洛尼亚的《海克力斯与半人马》。敞廊右边是巴托洛米奥·阿曼纳蒂的经典之作——海神喷泉：在水池正中海马拉着的双轮战车上，立着巨大的白色海神像(佛罗伦萨人称它为"大白雕")；水池旁还有多姿多彩的

老桥连接着博物馆和美术馆，桥廊古风盎然。

圣母百花大教堂融合了罗马式的圆顶与哥特式的高塔，风格独特。

青铜雕像。

阿尔诺河横贯佛罗伦萨城，这条河上有一座石桥是在14世纪中期重建的，古风盎然，这就是古老的欧维奇廊桥，又称"老桥"。老桥之所以是佛罗伦萨最著名的一座桥，不仅因为它是唯一幸存下来的真正的古桥，还因为它架在三座老桥的旧址上：一座是古罗马时期的，一座坍塌于1117年，一座是1333年被阿尔诺河洪水冲毁的。老桥是一座结构坚固、造型典雅的三拱桥，以其两侧排成行的小屋为特色。石桥两端连接着举世闻名的乌菲齐博物馆和皮提美术馆，两馆隔河相望，馆内绘画珍品、雕塑精品让人眼花缭乱，目不暇接。

圣母百花大教堂的大圆顶

锡耶纳 · *Siena* · 意大利

位置 | 意大利南托斯卡纳区
年代 | 始建于公元前，发展壮大于13世纪
特别点评 | 匠心独运、和谐美观的城市建筑与布局是中世纪城市规划的杰出典范

锡耶纳老城

锡耶纳老城位于意大利南托斯卡纳地区，建于公元前，历史上是贸易、金融和艺术中心，现为同名省的首府。据历史记载，锡耶纳和佛罗伦萨为领土之争进行过数次战争，包括1260年的蒙塔佩尔蒂战争和1269年的埃尔萨山口战争。在锡耶纳打败佛罗伦萨后，政治力量空前强大，城市经济发展显著，成为当时意大利最富庶的城市之一，银行业、毛织业和陶器制作举世闻名。这一时期，锡耶纳在艺术上也形成了可与佛罗伦萨画派分庭抗礼的锡耶纳画派。但1348年的黑死病结束了这个城市的黄金时代。今天的锡耶纳虽不能跻身于大都市之列，但却以别具一格的古城风貌著称于世。

城市格局

锡耶纳老城是欧洲中世纪城市的代表，其建筑被誉为"意大利哥特式建筑之典范"。整座城市的设计以素有"世界上最美丽的广场"之称的卡帕中心广场为重点，周围的风景与广场十分和谐地结合在一起。小城内尽是窄街曲巷和棕红色的砖石老屋，丘陵、斜坡和谷地上遍布

每到赛马节前夕，人们都要在圣玛利亚大教堂里给那些参加比赛的马匹祈福，以恳求神灵的荫庇和胜利的降临，同时消除骑手间的猜忌和恐惧。

住家，并有很多石阶蜿蜒而上。几个世纪以来，当地居民一直注意维护城市原有的风貌，因此，这里依然保持着12~15世纪的城市格局。

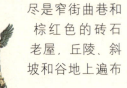

锡耶纳大教堂尖顶的圣人雕塑绚丽缤纷，华丽无比。

教堂·广场·民众宫

锡耶纳大教堂坐落在城市的最高点上，其辉煌只有米兰大教堂能与之相匹。教堂正面由雕刻品、柱子和复杂精制的装饰细节展现着哥特式兼罗马式的混合风格，观之令人为之目眩。进入教堂，参观者的注意力常会被顶棚所吸引，那些石雕头像代表了无数个教皇。然而最吸引人的是由一系列锡耶纳主要艺术家设计的26幅叙述性板面油画组成的大理石地面。教堂圣坛上最具特色的是一整套引人注目的由嵌饰木板装饰而成的唱诗班席位。旁边的布道坛上摆放着刻有耶稣生平的浮雕。布道坛前方的左墙上有红衣主教彼得罗尼之墓，它成为后来许多丧葬纪念物的模型。教堂北耳堂角落还藏有锡耶纳油画派著名画家平图里乔创作的施洗者圣约翰的雕塑和许多壁画。1339年，教会曾决定在教堂的南侧建造新的中殿，欲将其建为基督教最大的教堂。但没过多久，黑死病就蔓延到该城，瘟疫夺去了许多人的生命，

红色的卡帕广场依山势而建，其呈扇形的斜坡地面设计在欧洲绝无仅有。

扩建计划成了泡影。

呈扇面状展布的卡帕广场上，建筑物规范严谨，这是自14世纪以来普遍推行严格的建筑工程规范所带来的结果。而每年的7月2日和8月16日则是广场一年中最热闹的两天；在那时，卡帕广场就变成了赛马场，因为这两天是锡耶纳闻名遐迩的"派力奥"赛马节。届时，参赛人员均身着古装，使人不免感到时光倒流了好几个世纪。人们在锡耶纳赛马节所释放的激情之多，比其他地方的狂欢节和足球比赛有过之而无不及。

卡帕广场上的哥特式红砖宫殿是市政府办公地——帕布里科宫，又称"民众宫"。宫殿始建于13世纪，楼底的11个尖顶石拱被称为"锡耶纳拱"，楼上两排尖拱的三孔石窗也极为出名（这座城市所有的中世纪宫殿都采用这种窗口设计）。登上民众宫414级的台阶，整个城市风光尽收眼底，可以饱览锡耶纳街市上著名的由红瓦屋顶相连的被称为"锡耶纳之红"的壮观景象。民众宫前还有广场礼拜堂，用镂空工艺的铁栅栏围着，它是为了感谢14世纪蔓延的瘟疫结束而建的。民众宫中还陈列着锡耶纳派画家的作品。

作为一种象征，民众宫旁高耸的钟楼已不再依附于教堂。这座钟楼可以说是同类建筑中最完美的一座。

罗马 · *Rome* · 意大利

位置 ｜ 意大利中部，台伯河下游平原上
年代 ｜ 始建于公元前8世纪
特别点评 ｜ 基督世界三大圣地之一，历史上声名显赫的庞大帝国的首都

"永恒之城"

传说在公元前753年，由母狼救下并哺育的罗慕洛兄弟建立了古罗马。而罗马城正是古罗马帝国的发祥地，并在公元前510年成为罗马共和国首都。公元前1世纪废除共和之后成为罗马帝国首都。这时罗马的城市文化和建筑大为发展，兴建了许多神庙、教堂、柱廊、凯旋门、纪功柱和竞技场。公元4世纪时罗马城成为西罗马帝国都城；公元756到1870年成为教皇国首都；14～15世纪成为欧洲文艺复兴的中心，艺术、建筑、文化和经济再次得到发展；1870年意大利王国统一后，成为王国首都；现在还是意大利最大城市和文化及交通中心。罗马以悠久的历史和古老的文化，赢得了"永恒之城"的美誉。

"露天历史博物馆"

罗马被喻为全球最大的"露天历史博物馆"。世界八大名胜之一的古罗马露天竞技场便坐落市中，成为古罗马帝国无限辉煌的象征。这片露天竞技场遗址的北面，是记载塞维罗皇帝远征波斯功绩的凯旋门，南面是记载蒂都皇帝东征耶路撒冷战绩的凯旋门。在蒂都凯旋门南面不远处，还有一座为纪念君士坦丁大帝战胜尼禄暴君而建立的罗马最大的凯旋门。而位于罗马城中心的威尼斯广场则是市内几条主要大街的汇集点。广场左侧是文艺复兴时期的古建筑威尼斯宫，右边是与威尼斯宫式样相仿的威尼斯保险公

古罗马的城市规划以威尼斯广场为中心，向四周辐射，构成古罗马的城市建筑群。

由米开朗琪罗设计的卡皮托利诺广场最初是古罗马的社会、政治和宗教活动中心。

天使古堡高大庄严，经过几次整修，如今的城堡变成了国家军事和艺术博物馆。

司建筑。此外，雄伟的司法宫、绚丽多姿的纳沃那广场等，无不体现着意大利文艺复兴时期的艺术风格。

凯旋门·万神殿·天使古堡

凯旋门是古罗马人创造的纪功建筑形式。君士坦丁凯旋门是为庆祝君士坦丁大帝彻底战胜他的强敌并统一帝国而建的。这是一座有三个拱门的凯旋门，高21米，宽25.7米，进深7.4米。由于调整了高与宽的比例，横跨在道路中央的君士坦丁凯旋门显得尤其巨大，雄伟气派。凯旋门的里里外外布满了罗马帝国各个重要时期的雕刻，如安东尼等多位大帝打败敌人情景的浮雕等。君士坦丁凯旋门可谓是一部生动的罗马战争史。

举世闻名的潘提翁神殿位于罗马市中心，又称"万神殿"，始建于公元2世纪，是古罗马早期建筑中保存得最完整的一座。万神殿直径达43.4米的圆穹，在1960年以前一直是世界第一无梁圆拱。圆穹上部的圆形天窗，口径为8.92米，是整个建筑的唯一

入光口。这是建筑史上的奇迹，表现出古罗马建筑师们科学的计算方法和精湛的建筑技术。意大利统一后，万神殿成为国王的陵墓。埃玛努埃尔二世、翁贝尔托一世和他的妻子就埋葬在万神殿左右两边的后殿里。在万神殿里还葬有一些伟大的意大利艺术家，其中包括著名的画家拉斐尔。

位于台伯河畔的阿德里亚诺陵墓是公元139年建成的一座皇帝陵园。由于罗马多次受到外族侵袭，而这个建筑物坚固易守，后来就被用作防御性堡垒。古堡与梵蒂冈只有几百米之遥，之间以一条暗道相通。因此，在教皇受到战争威胁时，这里曾经是教皇的避难所：教皇通过这一暗道从梵蒂冈潜入堡垒。此堡垒又名"天使古堡"。相传，公元6世纪时，教皇格雷戈里奥一世为祈求上帝制止肆虐的瘟疫，率众举行隆重的祈祷巡行仪式。正当行进在这座桥上的时候，教皇看见陵墓顶上统领天使米凯莱将一把闪耀着光芒的剑拔鞘而出，这个神圣的信号预示着瘟疫即将结束。天使古堡的名称便来自这一传说。

喷泉·广场

罗马多喷泉，有"喷泉之城"的雅号，各种喷泉达3000余个，其中最负盛名的当属特莱维喷泉，也就是"许愿喷泉"。传说过去有一位少女曾为口渴难耐的罗马战士指点此泉，故此泉亦称"少女泉"。罗马人相信只要背对喷泉将一枚硬币由左心房丢过左肩，让它以优美的抛物线沉入水底，就可以心想事成。

罗马历史地区有很多著名广场。威尼斯广场是首都罗马最大的广场。它位于内城中心跑马场街的一端，长130米，宽75米，因广场上的威尼斯大厦而得名。广场南面，有纪念意大利统一后的第一个国王维克多·埃玛努埃尔二世的巨大白色大理石纪念碑。西边是威尼斯大厦，大厦中间有一只狮子，是威尼斯保护神圣马可的象征。

少女泉

圣地亚哥 · *Santiago* · 西班牙

位置 | 西班牙西北部，加里西亚地区
年代 | 现存古城约建于11世纪
特别点评 | 基督世界三大圣地之一，因耶稣门徒圣雅各之墓在此而得名

圣地亚哥街心广场

圣城传说

圣地亚哥是西班牙天主教圣城，与罗马、耶路撒冷并称"基督世界三大圣地"。圣城圣地亚哥的兴起与作为耶稣十二门徒之一的圣雅各有关。传说，圣雅各传教至此，被大自然的美景所吸引，便留此居住并在此传教。在圣雅各传教的岁月里，这里人人为善，夜不闭户，路不拾遗。后来，圣雅各因追随耶稣，在巴勒斯坦被犹太的希律王斩首。他的门徒将其遗体偷出后运走埋葬起来，但因种种原因，埋葬地点一直是个谜。公元818年7月25日，圣雅各之墓被一名隐士发现，这个日子后来被定为圣雅各节。发现圣徒之墓后，当时的国王阿方索二世和大主教提奥多米罗下令在墓地上兴建教堂，以供信徒朝拜，希望此地成为西班牙的天主教活动中心。到西斯纳多二世主教继位时，圣地亚哥已颇具规模。现在，仍有许多信徒慕名前来朝圣。

朝圣之路

自从在圣地亚哥发现了圣雅各的墓地以来，西班牙本国及欧洲其他国家的天主教徒，纷纷不远千里赶来朝圣。他们在欧洲荒野上踏出了一条通向圣城的"圣地亚哥之路"。朝圣的人需要翻越比利牛斯山脉，途经潘普洛纳、布尔戈斯、莱昂、阿斯托加等五个自治区的166座市镇，最后到达圣地亚哥德孔波斯特拉大教堂，行程800多千米。沿途的城镇和村庄都建有教堂，承担接待和照料朝圣者的任务，有的地方还建有朝圣者的墓地。在1000多年中，朝圣之路由一条发展成多条，包括北方之路、葡萄牙之路、海路和银路等，使这座小山城在天主教世界里具有与罗马、耶路撒冷齐名的神圣地位。

广场·教堂·修道院

奥勃拉多里欧广场处于圣地亚哥的心脏地带，其东侧是德孔波斯特拉大教堂，北侧是古老的皇家医院和市政厅，南侧是圣赫洛尼莫学院。每一位造访圣地亚哥的朝圣者或游客，都会踏上奥勃拉多里欧广场的鹅卵石地面，由此展望壮丽迷人的古城风貌。

在德孔波斯特拉大教堂做礼拜的人们

德孔波斯特拉大教堂，也叫"使徒大教堂"，位于圣地亚哥市中央，是圣地亚哥－德孔波斯特拉城的地标式建筑。教堂始建于1078年，代表了罗马式艺术的最高成就。从11世纪到18世纪，大教堂又经过多次增建和改造。德孔波斯特拉大教堂最初的罗马式风格，在经历数次战火摧残及改建下，仅可窥见部分雕刻。目前，整座建筑高耸部分是哥特式风格，外观则采用了巴洛克式的装饰风格。大教堂的四面均有大门：西面的光荣之门，由12世纪石雕艺术巨匠马提欧精心制作，汇集了200位圣经人物和天使的雕像，是德孔波斯特拉大教堂中最璀璨夺目的石雕艺术珍品；大教堂南端是圣像石雕门，叫做"普露特里奥斯大门"；教堂北端的阿萨巴契里亚大门是四座大门中最晚建成的，具有新古典主义建筑风格；教堂正东端还有一座圣门，又名"赦免之门"，是德孔波斯特拉大教堂最神圣的大门。根据古老的习俗，圣门平时关闭，只有在每年7月25日保护神节而又适逢星期天

奥勃拉多里欧广场上装扮成古代雕塑的艺人

时才打开。

在德孔波斯特拉大教堂的阿萨巴契里亚大门正对面，有一座圣马丁修道院，占地两万平方米，是圣地亚哥最大的神学院。这座修道院建于10世纪，经过多次重建，目前的建筑是18世纪修复的。修道院正门内规模宏大的回廊以立柱支撑，廊外庭院中还有一座精美的石造小喷泉。修道院由迪欧西圣神学院、宿舍、教堂等部分组成，是目前圣地亚哥占地最广的神学院，来自西班牙各地的青年在此学习神学和其他文科课程。

高大巍峨的德孔波斯特拉大教堂

圣马丁修道院

托雷多 · *Toledo* · 西班牙

位置 │ 西班牙新卡斯蒂利亚中心地带
年代 │ 约建于公元前2世纪
特别点评 │ 西班牙历史名城，基督教、伊斯兰教和犹太教三教齐集之地

古城史话

托雷多位于西班牙新卡斯蒂利亚的中心地带，在马德里以南67千米处，其东、南、西三面皆被塔霍河环绕。公元前193年，这一地区首次被称为"托雷多"。公元418年，西哥特人控制了托雷多。公元513年，托雷多成为西哥特人在西班牙的首府。公元717年是托雷多进入穆斯林统治时期的开始，这一时期延续了3个世纪。期间，阿拉伯人、犹太人

和基督教徒比邻而居。西班牙与摩尔风格的艺术在这一时期获得较大的发展。10世纪，托雷多成为了西班牙宫廷的所在地之一，并发挥了重要的政治作用。16世纪，在查斯·奎特的统治下，托雷多获得了"帝国皇冠城市"的美称。

三教齐集之地

托雷多曾经作为罗马人、西哥特人、阿拉伯人及西班牙人的首都，所以世界上恐怕除了耶路撒冷以外没有什么城市能像它这样融合那么多的宗教信仰。2000多年来，托雷多一直是基督

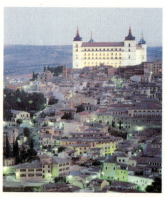

托雷多城梦幻般的黄昏

托雷多大教堂

教、伊斯兰教和犹太教的布道战场。这里的恩恩怨怨，无止无休。后来，至高无上的王权显示威严，使基督教、伊斯兰教和犹太教三种文化形态得以并存，和平共处，相互包涵。因此我们今天才可以看到70多处保存完好的教堂、寺院、修道院、宫殿，还有堡垒、城门、石头桥梁等古迹。城中13世纪以前的建筑多呈阿拉伯风格：纽索式的柱子、圆顶、纹饰图案。此后的建筑多是哥特式、文艺复兴式、罗马式、巴洛克式、新古典式。虽然逐渐占据上风的天主教把罗马寺庙、犹太教堂、伊斯兰城堡统统改造成天主教堂，但现存的托雷多大教

堂、圣十字教堂、犹太教会堂、圣胡安教堂等仍是多元文化的集大成者。它们中也许柱子是阿拉伯式，而尖塔却是哥特式；也许门是罗马式，而小教堂却是文艺复兴式。这种令人眼花缭乱的建筑特色是托雷多城一笔巨大的人文财富。

托雷多古堡

教堂·古堡

从托雷多城中任何一个角度，都可以看到托雷多大教堂。教堂的尖塔和谐地突出于其他尖塔与角楼之上，成为托雷多地平线的重要界标。托雷多大教堂是一座集哥特、巴洛克及新古典主义建筑风格的最佳范例。教堂主堂长112米，宽56米，高45米，由88根大石柱支撑，其西面主墙及南面狮门均为石雕的极品。教堂内部一连串的小礼拜堂缀有祭祀物品、油彩雕刻及金银制品，使教堂成了真正的宗教艺术博物馆。在这些艺术瑰宝中，最值得一提的是在圣台上的木制圣坛和珍贵的置圣物箱。教堂博物馆位

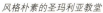

风格朴素的圣玛利亚教堂

于圣坛相邻的小房间内，里面陈列着世界知名艺术家的绘画杰作，此外还有礼拜服饰、古时的毛织品、装饰辉煌的法典以及繁杂美丽的铁制品等。白色圣玛利亚教堂是托雷多城内现存历史最久远的犹太教堂旧址。这座堪称12世纪末、13世纪初最华丽的犹太教堂，于15世纪初时被送给了骑士团，进而被改建成天主教教堂。教堂主堂里的马蹄形圆拱柱梁造型独一无二，其细部工艺极为优美细腻，全部由手工完成。另外，因为有从摩尔文化之都格拉纳达来的艺术家参与教堂修建工作，所以教堂带有明显的阿拉伯艺术风格。

托雷多地区历经数百年的争伐、攻略、侵占，拥有许多在不同时期遭逢不同状况而幸存的城堡，随时提醒着后代子孙铭记那些不可磨灭的历史。气势雄伟的阿尔萨加古堡坐落在托雷多制高点上，是伊莎贝尔女王的居住地，也是西班牙全盛时期的象征。城堡呈正方形，四角有四个方形尖顶塔楼，登塔楼极目四望，远近景物一览无余。数百年来，这座城堡铭刻着西班牙民族盛衰史的历史印记。11世纪阿拉伯人被赶走，托雷多成为西班牙

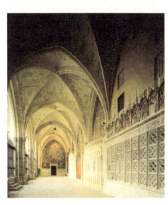

犹太教堂的回廊

首都；但西班牙的长期分裂状况直到1469年南部亚拉岗国王费迪南多与北部女王伊莎贝尔结婚，才告结束。在此期间，游说英法等国多次碰壁的意大利航海家哥伦布带着寻找新大陆的学说和计划来到西班牙，伊莎贝尔女王意外地接受了在当时被视为疯子的哥伦布的学说。但刚统一的西班牙国库空虚，伊莎贝尔女王就掏出自己的私房钱为哥伦布造了三条船，支持哥伦布去实现他寻找新大陆的梦想。1492年8月，这三条船带着哥伦布开始了发现新大陆的伟大事业，西班牙也由此开始了自己世界霸主的历史。此外，在爆发于1936年历时三年的内战中，这里也是重要的战场之一。城堡四周的累累弹痕，至今依稀可辨。

塞维利亚 · *Sevilla* · 西班牙

位置	西班牙南部,安达鲁西亚地区
年代	大约在公元8世纪初具规模
特别点评	西班牙著名古城,以美丽、宏伟的形象得到"花园城市"的美称

古典建筑与现代文明完美结合的塞维利亚城

历史悠久的古城

塞维利亚位于西班牙南部安达鲁西亚平原略偏西处,瓜达几维河的左岸,是一处内陆河港,同时也是同名省的首府。塞维利亚是西班牙最引人入胜的历史名城之一。传说它是由大力神缔造的,而实际上它也确实具有悠久的历史。据载,大约在公元前7000年的新石器时代,便有人类始祖由北非进入今天西班牙所在的伊比利半岛,开始了最早的农业生产。此后,塞维利亚又历经了希腊、迦太基、罗马、旺达尔、阿拉伯人的统治。政局的更迭使塞维利亚城呈现多种时代建筑共存的特色,而其中最出色的古建筑大多是阿拉伯时代遗留下来的。塞维利亚在世界文学殿堂也享有盛名。西班牙文学巨匠塞万提斯就是在这里的一所监狱里,写下了他的不朽名著《堂·吉诃德》。

穆迪扎尔风格

塞维利亚的许多建筑富有伊斯兰教风格,又称为"穆迪扎尔风格"。这种风格在进入文艺复兴时代后发生了变化,最明显的表现就是天花板装饰上的东方工笔图案渐渐消失。就装饰细节而言,穆迪扎尔建筑的一大特色是大量采用灰雕。灰雕装饰的细节多以石灰雕刻的花瓣枝叶、多角形的几何花纹和密集的古兰经文为主。这种装饰有时出现在一小部分外墙上,有时则大面积装饰于建筑物外墙、内壁和廊柱,在装饰效果上所展现的细密、精致和奇幻是同时期欧式建筑装饰无法企及的。西班牙国王佩德罗一世的宫殿大使厅内,天花板造型和灰雕装饰都是穆迪扎尔建筑艺术中的极品之作。此外,塞维利亚城堡中的内庭、水道和泉眼以及大量的瓷砖装饰,都体现了这种建筑风格的基本特征。

黄金塔

宏伟壮观的塞维利亚大教堂

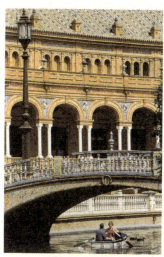

西班牙广场附近的运河和小桥

教堂·广场·黄金塔

塞维利亚大教堂与罗马的圣彼得大教堂、伦敦的圣保罗大教堂并列为欧洲规模最宏伟的三大教堂。大教堂位于塞维利亚市中心的宪法大道后侧，占地面积2.4万平方米，由金碧辉煌的主祭坛、唱诗席、珍宝荟萃的圣器收藏室和5座中殿构成。大教堂最早由阿拉伯统治者建造，而其中部分哥特式建筑则是西班牙人在15世纪初兴建的。除了建筑规模庞大外，其最大的特点便是基督教与伊斯兰教艺术的完美结合。大教堂内精品荟萃：教士聚会厅的圆顶穹隆、王室小教堂、加里西圣器室、大圣器室等均属于文艺复兴时期的作品；这里还有西班牙许多著名画家的作品；意大利航海家哥伦布的灵柩也存放在这里。

西班牙广场是西班牙最大、最开阔、造型也最独特的广场，坐落在塞维利亚的玛丽亚公园中，由著名设计师阿尼伯·冈萨雷斯设计建造。广场上有一栋呈半弧形的红砖建筑，中央为主塔，而弧形两端为副塔，非常别

致。在广场附近还有个半月形小运河，上有4座砖砌拱桥，其半圆形的拱桥扶手下方，有50幅代表西班牙各城市特征及主要历史事件的瓷砖图案，既古典又浪漫。西班牙广场一直都是西班牙古罗马文化的集中地。它还是繁华的商业中心，靠近艺术家集中的地段，因此不少艺术家就住在广场附近的马尔古大街和巴布伊诺大街。

黄金塔建于1220年，是一座

具有阿拉伯风格的堡垒式建筑。之所以叫黄金塔，一个原因是堡垒四周涂有一层金粉，另一个原因是这里曾是贮存黄金的金库。据传说，当年哥伦布发现美洲大陆后，西班牙殖民帝国从美洲掠夺了大量的黄金、白银，从海上运回来后先暂存在这座塔内，然后再从陆路运往马德里上缴王室。现在塔的底层建成了海洋博物馆，陈列有古老的航海工具。

塞维利亚大教堂内的哥伦布灵柩

大马士革 · *Damascus* · 叙利亚

位置 | 叙利亚西南部克辛山麓
年代 | 约建于公元前2000年
特别点评 | 世界上最古老的城市之一，古代有"天国里的城市"的美誉

大马士革以它的古老与文明展示着别具一格的城市文化。

"古迹之城"

叙利亚首都大马士革，位于叙利亚西南部克辛山麓，始建于公元前2000年。公元前10世纪，这里成为亚美尼亚王国的都城。公元前64年，罗马人占领了大马士革，希腊化的大马士革变成罗马叙利亚省的一部分，并日趋繁荣。到了公元636年，大马士革被穆斯林占领，在倭马亚王朝的哈里发统治时期，大马士革进入了它的黄金时代。阿尤布王朝建立后，穆斯林统帅萨拉丁在大马士革集结了他所有的军队，于公元1187年从十字军手中夺回了耶路撒冷，大马士革重新作为一个伟大帝国的首都而大放光彩。从公元1516年开始，奥斯曼土耳其帝国攻占了大马士革，一直统治了4个世纪。几经兴衰的大马士革虽历尽沧桑，却无愧"古迹之城"的称号。

"天堂里的城市"

大马士革依山临水，风景优美，巴拉达河由北向南从城中缓缓流过。"大马士革"一词是希腊人用希腊文记录下来的阿拉伯语，意为"手工作坊"。昔日，这里曾是商队东进沙漠，西去贝鲁特的要站，因手工业比较集中而得名。古代的大马士革被称为"天堂里的城市"。阿拉伯古书中曾这样写道："人间若有天堂，大马士革必在其中；天堂若在天空，大马士革必与它齐名。"据说，伊斯兰教创始人穆罕默德曾来到大马士革郊外的山顶，远眺城市全景而赞叹不已。但是他没有进城，而是从原路返回。随从询问原因，他回答说："人只能进入天堂一次，我若进入这座人间天堂，将来就无法再进入天上的天堂了。"古城美不胜收的风光可见一斑。

倭马亚清真寺和伊斯坦布尔的蓝顶清真寺、开罗的穆罕默德·阿里清真寺和沙特的麦地那先知清真寺同被列为世界四大清真寺。

古城堡·凯桑门·清真寺

大马士革城堡用巨石垒成，四周有护城河，河上架有吊桥。城堡的城墙上有300多个射孔，并建有瞭望和防守的高塔。叙利亚历史上三位著名的阿拉伯苏丹（阿拉伯国家的最高统治者）努拉尔丁、萨拉丁和扎赫尔·倍贝尔，都在这座城堡中指挥过抵御外族入侵的战役。如今，这座大马士革古城堡中的古建筑大多被很好地保留下来。

古城旁边有石砌的凯桑门，传说耶稣的使徒圣保罗就是从此门进入大马士革的。后来，当圣保罗遭基督教的敌人追捕时，被教友放在篮子里，从大马士革的城堡上降落在凯桑门，从而逃出了大马士革。后来，人们还在这里建立圣保罗教堂，以作纪念。

倭马亚清真寺是伊斯兰教世界第四大清真寺，坐落在旧城中央。清真寺的大门高10米，雄伟气派。清真寺礼拜大厅长136

倭马亚清真寺前的古建筑

米，宽37米，全部用巨大的石块建成，由大理石柱支撑；大厅四壁和圆柱上雕刻着精致的花纹，厅顶垂挂着一盏巨大的水晶吊灯。大厅外的广场四周建有走廊，走廊的墙壁上用金砂、石块和贝壳镶嵌出巨大的壁画，描绘出倭马亚时代大马士革的繁荣景象。清真寺更有三座高耸的尖塔直插蓝天，具有伊斯兰教特有的雕刻、装饰艺术风格。寺前广场一侧还有一座镶金小楼，据说是储存信徒们贡献钱财的地方。

大马士革城墙承载着历史的沧桑与厚重。

南京 · *Nanjing* · 中国

位置	中国江苏西南部
年代	始建于公元前472年
特别点评	历经百代兴衰的历史古都，开创了300年璀璨的六朝文化

六朝古都

今天的南京北接辽阔的江淮平原，东邻富饶的长江三角洲，公路四通八达，纵横华东各地。孙中山先生在《建国方略》中曾赞叹道："（南京）其位置乃在一美善之地区。其地有高山，有深水，有平原，此三种天工，钟毓一处，在世界中之大都市诚难觅如此佳境也。"公元前472年，越王勾践命范蠡筑城于今南京中华门外，秦淮河畔，为南京建城之始。公元前333年，战国时期的楚国于今清凉山西麓石头山上置"金陵邑"，从此南京又称"金陵"。在南京近2500年的历史当中，三国吴、东晋以及南北朝时期的宋、齐、梁、陈四个朝代均定都今南京，故南京史称"六朝古都"。

栖霞山位于南京城东北22千米处，风景独好。

秦淮人家

秦淮河是长江的一条支流，古名淮水。相传秦始皇东巡时，望金陵上空紫气升腾，"以为王气"，于是"凿方山，断长垅为渎，入于江"，后人认为此水是秦时所开，所以称为"秦淮"。秦淮河是南京的母亲河，也是南京的历史文化长廊。远在石器时代，其流域内就有人类活动。六朝时秦淮地区成为名门望族聚居之地，此后商贾云集，人文荟萃，儒学鼎盛，带来了"烟笼寒水月笼沙，夜泊秦淮近酒家"的繁庶。隋唐以后此处渐趋衰落，但却引来无数骚人墨客的凭吊。宋代，秦淮河逐渐复苏为江南文教中心。明清两代，十里秦淮达

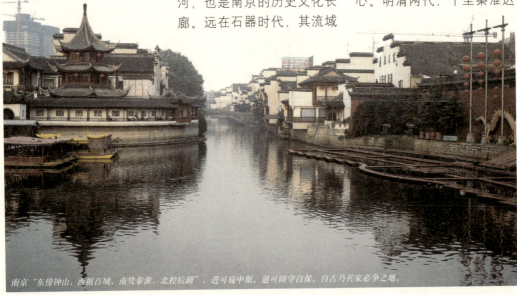
南京"东傍钟山，西据百城，南凭秦淮，北控后湖"，进可窥中原，退可固守自保，自古乃兵家必争之地。

南京夫子庙始建于宋朝，今天所见的夫子庙一部分为清末维修，一部分为近年重建。

到鼎盛，金粉楼台、画舫凌波、桨声灯影，如梦如幻。20世纪20年代，现代著名散文家朱自清泛舟秦淮河，发思古之幽情，写下了散文名篇《桨声灯影里的秦淮河》，传诵一时。

孝陵·文庙·雨花台

南京孝陵是明太祖朱元璋和皇后马氏合葬的陵寝，位于江苏省南京市紫金山南麓独龙阜玩珠峰下，迄今已有近700年历史，据说是朱元璋自选的"寿宅之所"。陵园当初北起钟山，南至孝陵卫，东起灵谷寺，西至城墙，现存下马坊、碑亭、石兽、望柱、翁仲石人、"治隆唐宋"碑殿、四方城和宝城等古迹。这些残存的遗迹，尚可窥见皇家陵园的气势规模和我国古代建筑雕刻艺术的成就。

夫子庙位于十里秦淮北岸，又称"文宣王庙"，简称"文庙"。它是古代祭祀伟大教育家、思想家孔子的庙宇，又是教育重地之一。自北宋建立以来，

文庙历经劫难，几经兴废。自1984年起，夫子庙地区得到重新规划和建设，经过多年努力终于旧貌换新颜。今日的夫子庙景象繁荣，旅游兴旺，成为南京对外的窗口和江苏旅游的龙头。

雨花台位于南京南郊，是一座松柏环抱的秀丽山冈。雨花台中心纪念区从北到南有烈士就义群雕、烈士纪念碑、倒影池、烈士纪念馆及忠魂亭等建筑。就义群雕的创作稿由全国各地

的雕塑家集体创作完成，塑造了9位烈士就义前一刹那的光辉形象。雨花台烈士纪念碑高42.3米，寓意南京于1949年4月23日解放。其碑由碑座、碑身、碑首组成，碑首似红旗、如火炬，碑身正面镶刻着邓小平手书的"雨花台烈士纪念碑"八个鎏金大字。

雨花台烈士就义群雕

开罗 · *Cairo* · 埃及

位置 | 埃及尼罗河三角洲南端
年代 | 建于10世纪
特别点评 | 世界最古老的城市之一，中东地区的政治、经济和商业中心

历史悠久的开罗古城

漫话开罗

世界名城开罗横跨尼罗河两岸，气魄雄伟壮观，是世界上最古老的城市之一，也是整个中东地区的政治、经济和商业中心。开罗是尼罗河注入地中海的入海口，优越的地理环境使它成为所有入侵者的桥头堡。公元969年，伊斯兰法蒂麦王朝哈里发穆仪兹派遣大将昭海尔领兵攻入这座古城，并迁都到此。此后，虽然奥斯曼帝国、拿破仑率领的远征军、大英帝国都先后占领过开罗，但它仍是世界上伊斯兰古代文化和建筑保存最好的一个城市。近200年来，西方人加入到开罗的城市建设行列中，使现在的开罗成为了中东最现代化的城市。埃及政府在保护古代伊斯兰文化和建筑的同时也兴建了许多现代化的设施，使得这座千年古城焕发出勃勃生机。

开罗市貌

开罗是一座文明古都，城中现代文明与古老传统并存：西部以现代化建筑为主，大多建于20世纪初，具有当代欧美建筑风格；东部则以古老的阿拉伯建筑为主，有500多座清真寺，尖塔随处可见，故开罗有"千塔之城"之称。拉美西斯广场中心有古埃及第十九王朝法老拉美西斯二世的巨大全身雕像，它是1955年从古城孟菲斯移置于此的。市内还有1869年为庆祝苏伊士运河通航而建的歌剧院所在地——剧院广场和苏莱曼帕夏广场。而开罗最明显的标志是高约187米的开罗塔，从这里可以俯瞰全城。由于历代统治者都在开罗城内大兴土木，修建清真寺；同时，开罗的建筑大师和艺术家设计出的复杂图案，刻在清真寺的宣礼塔、墙壁、天花板和地板上，使开罗成为伊斯兰教世界里举世无双的城市，故有"伊斯兰大门"的美誉。

这是阿里清真寺院中的井亭，用于宗教洗礼仪式。

尼罗河·开罗塔·清真寺

　　流经开罗的尼罗河发源于埃塞俄比亚高原,流经包括埃及在内的九个国家,全长6700千米,是非洲第一大河,也是世界第二长河。尼罗河流贯开罗市区后,分为两支,继续北去,注入分隔欧非大陆的地中海,同时于河口处形成广阔富饶的三角洲。开罗就在这个三角洲的顶端。土地肥沃的尼罗河两岸种植着多种多样的热带植物,高大浓密。每年尼罗河水的泛滥,都会给河谷带来一层厚厚的淤泥,使河谷区土地极其肥沃,庄稼可以一年三熟。尼罗河可以说是开罗名副其实的母亲河。

　　千塔之冠——开罗塔坐落在开罗市中心的尼罗河河心扎马立克岛上,为钢筋水泥结构,高187米,相当于60层楼高,是世界第四高塔。此塔于1961年4月21日建成,塔身、下层入口处台阶和塔基都是用阿斯旺的花岗石打造而成的。在入口处上方还镶有一只高8米、宽5米的钢质雄鹰,这是埃及共和国的标志。由于塔身设计如莲花,周围装有各种彩灯和聚光灯,因此夜晚的开罗塔犹如一支正欲腾空的火箭。

　　穆罕默德·阿里清真寺建于1830年,位于开罗以北的山顶上。其正殿呈正方形,上有高耸的圆顶,四面还环有4个半圆殿与其相呼应。清真寺西侧正中有一盥洗室,是供穆斯林做礼拜时小净用的。因盥洗室的外墙壁以雪花石瓷砖镶嵌,所以阿里清真寺又被称为“雪花石清真寺”。此外,位于开罗旧城南部的艾哈迈德·伊本·图隆清真寺也是开罗著名的清真寺之一。这座清真寺东侧的柱廊最为雄伟,包括五排拱门,拱门上还雕刻着美丽的图案。

尼罗河是开罗的母亲河,它在哺育开罗的同时,也成为开罗城市规划的分界点:在城西有大量建于20世纪初的具欧洲风格的建筑,城东则以古老的阿拉伯建筑为主。

开罗被伊斯兰世界称为“伊斯兰的大门”,而阿里清真寺应该说是这扇大门的门闩。

第五章
建筑奇观
Part 5
Miracle of Architecture

在人类几千年的文明中，建筑以人工建造的雄浑或妩媚，诠释着人类的希冀，记录着历史的沧桑。而在那许许多多的建筑中，有这样一批出类拔萃的奇观，它们或长存万古，或美妙绝伦，或神秘瑰奇，或恢弘伟岸。它们是人类文明与历史擦出的璀璨电火，照亮了人类无穷的智慧。

奥秘无穷的金字塔、瑰丽如神话的泰姬陵、记录着凝重历史的古罗马竞技场、彰显着现代气息的埃菲尔铁塔……千百年来使多少人魂牵梦绕。

文明的延续演绎着历史，建筑的诞生昭示着文明。参观奇迹建筑感受昨天的震撼，了解建筑奇迹憧憬明日的神奇。世界各地的特色建筑等待你的徜徉……

埃菲尔铁塔 · *Tour Eiffel* · 法国

位置	法国巴黎
年代	建于1887年
特别点评	世界著名的钢铁建筑，巴黎城的地标

埃菲尔铁塔是近代建筑工程史上的一项重大成就，已成为巴黎的象征。

修建埃菲尔铁塔

埃菲尔铁塔于1887年1月破土动工。铁塔的建造遭到法国一些文化艺术界名流的反对，如莫泊桑、小仲马和夏尔伦等人。他们认为，建

埃菲尔铁塔被巴黎人民誉称为"云中牧女"。

造铁塔有碍法兰西的观瞻，是对法国历史与艺术的破坏。一位数学家扬言该塔在达到229米高之前将会坍塌。幸亏当时已经负担工程大部分费用的著名工程师埃菲尔签字同意由他承担风险，才使铁塔工程得以继续。铁塔于1889年建成，全部工程历时约两年，花费比预算的要少几十万法郎。1889年5月，国际博览会开幕时，埃菲尔铁塔获得巨大成功。尽管如此，铁塔建成后仍引起了一场反对运动。在20世纪20年

代，法国政府仍在考虑推倒铁塔，并准备用它的一万吨铁在那些因战争而遭受破坏的地区修建工厂，幸运的是此举最后因战场形势的紧张而不了了之。随着时间的推移，人们心中的偏见开始消失，1964年，铁塔终于受到了法律的保护，被列为不得拆毁的历史纪念碑。自20世纪50年代以来，埃菲尔铁塔成了法国广播电视台的中心，成为现在世界上最高的天线塔之一。如今的埃菲尔铁塔，每年都要迎接大约300

万游客的参观。

"云中牧女"

埃菲尔铁塔是巴黎的标志性建筑。它以飒爽的英姿被巴黎人民誉称为"云中牧女"。埃菲尔铁塔高达320米，塔基占地面积为1万平方米，有四个由水泥浇灌制成的厚实塔墩，塔身全为镂空钢架，由300名安装人员用250万个铆钉将1.8万个金属部件在两年时间内安装而成。加上电视天线和塔基的重量，埃菲尔铁塔总重达到9757吨，总建筑费用达746万法郎。远远望去，埃菲尔铁塔外观优美，形如倒写的字母"Y"。它一共分三层：第一层高57米，有钢筋混凝土的四座大拱门；第二层高达115米；第三层离地面276米，从这层开始，

参观者仰视铁塔，顿觉自己的渺小。

倒写着的字母"Y"敛势而上，直冲云霄。站在塔顶放眼望去，整个巴黎城景尽收眼底，从凯旋门、香榭丽舍大街、巴黎圣母院等周边建筑，直到巴黎东南96千米外的沙特尔大教堂，都一览无余。

"圣诞树"·"中国年"

2002年圣诞期间，一棵巨大的"圣诞树"亮相世界之窗巴黎。这棵"圣诞巨树"由埃菲尔铁塔包装改造而成。整棵"巨树"由上万个金黄色灯泡钩边为圣诞树形，中间悬挂系彩带的金色大铃铛，并有上百万个"满天星"——白色灯泡进行衬托。高大巍峨的埃菲尔铁塔以它的宽容承载着法国人民的浪漫和温情，把圣诞之夜装点得流光溢彩，喜气洋洋。

2004年是中法建交40周年。这一年，当中国人欢度春节时，埃菲尔铁塔也披上了红装。280盏安置在铁塔不同位置的红灯同时点亮，铁塔顿时变得通身红亮，恰似一位身披红装的新娘，让塞纳河两岸的中法人民为之翘

埃菲尔铁塔上安装的照明灯泡经过特殊处理，可在多种不良气象条件下正常工作。

首。这是有着115年历史的铁塔首次专为一个外国节日改变灯光。埃菲尔铁塔的这身红装持续了整整一周，让中法人民开开心心、喜气洋洋地过了一个中国年。

加尔桥 · *Roman Aqueduct* · 法国

位置 | 法国尼姆
年代 | 大约于公元前1世纪兴建
特别点评 | 古罗马时期的水利工程杰作，世界文化遗产

古老的水利工程

横跨法国加尔河的加尔桥(即尼姆水渠)是罗马人修建的最古老的水利工程之一，位于法国普罗旺斯地区的尼姆市。公元前19年到公元20年，尼姆被古罗马帝国统治。当时，尼姆陈旧的供水系统已不能满足古罗马人新建城市的需要，于是主管古罗马供水工程的阿格里帕修建了一条水渠，把50千米外的泉水引到城里。古罗马人按惯例将这条引水渠道埋入地下，为了保证每一段流程的坡度，工匠们在有些地段开山凿石。而工程的最大难关是跨越加尔河峡谷；聪明的罗马人灵活运用在道路建设工程中所研发出来的独门桥梁技术，建造了"加尔桥"，顺利地将水引到城市的供水系统中。据传，为完成这座庄严、雄伟的古罗马高架渠，至少有1000人劳动了3年时间。

加尔桥的大小桥拱共52个，分为三层，每层的桥拱与拱顶的结构都有不同的功用。

"最漂亮的水管"

加尔桥宏伟的建筑风格和卓越的实用功能备受人们赞扬。著名作家，《红与黑》的作者司汤达在参观了加尔桥后深情地写道："在这里，我见到了只有在梦中才能一见的'奇迹'，为此，我的心灵深处受到了强烈的震撼，甚至在古罗马的大斗兽场前，我也未曾有过如此的感觉。加尔桥匠心独运，令人神往，完成这一精美杰作必然要耗费当时的所有人力、物力和财力。站在风景如画的高架渠——加尔桥前，似乎听到

2000多年的沧桑巨变丝毫没有减弱加尔桥的雄风。

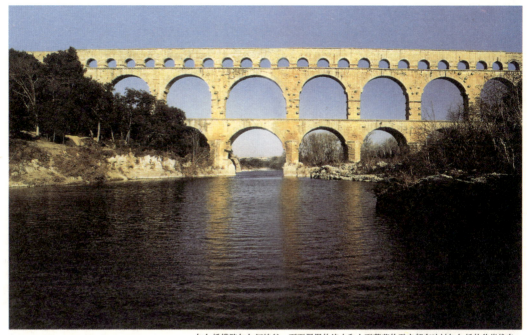

加尔桥横跨加尔河峡谷，下面潺潺的流水和上面蔚蓝的天空都在映衬加尔桥的伟岸雄奇。

了一曲从远古传来的庄严乐章，相比之下，我显得格外渺小。它是上帝赐予的出类拔萃的建筑艺术精品。"司汤达的赞誉为加尔桥赢得了"最漂亮的水管"的美名。

外观·技术·建筑特征

加尔桥因加尔河得名，高48.77米，分上中下三层，每层都有一个接一个的拱状桥洞。大桥最底部的一层有6个拱，中间的一层有11个拱，最上面的一层有35个拱，最下层的桥拱跨度达25米。三层桥洞的长度自下而上递增，分别为142.35米、242.55米和275米。加尔桥高峻、雄奇，恰似一道镂空的峡谷之门屹立于加尔河的秀丽风景之中。而且，加尔桥由取自天然的石材筑而成，无雕饰花纹和铭文，更显其质朴本色。在午后和煦的阳光下，拱桥与波光粼粼的河面交相辉

映，闪烁着道道迷人的金光，好似一件刚刚出炉的罗马艺术品，神圣绚烂，妙不可言。1985年，加尔桥被列为世界文化遗产。

加尔桥的三层拱状桥洞的建造具有很高的技术含量。最底部6个拱的拱顶各有相同的4个小拱。这种结构使桥身更坚固，能抵挡水流的冲击。中间一层11个拱的拱顶分别由3个相同的拱构成，这一层跨越主流的拱比其他相邻的拱宽，能抵抗更多的河水流量，减少冲击力。最上面一层35个拱每个拱的顶部只有一个拱，这一层的拱比较多，拱与拱的连接处比较狭窄，这样可以减少在此高度上作用于桥身的风力。

加尔桥的建筑方式充分考虑了各个方面的因素。加尔桥每个拱的拱顶都由并列相同的拱构成，对于测量、制造、修复加尔桥来说，既经济又便捷，因为支持一个拱的拱顶，只需一个木制结构；当对拱进行修复时，也只

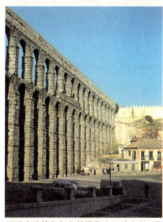

罗马大渡槽与加尔桥堪称古罗马水利工程"双绝"。

需把一个木制结构放在建桥时留下的每个拱的拱顶圆形器物上，这一器物是建桥时为了日后修复而特意设计留下的。加尔桥桥拱宽度从中间开始向两旁不断变窄，这一构思独特的建筑结构使加尔桥更加雄伟稳健。此外，这些略带弧形、变化有致的桥拱，在春天加尔河洪水上涨的季节，还兼具泄洪的功能。

比萨教堂 · *Piazza del Duomo* · 意大利

位置 │ 意大利的托斯卡纳
年代 │ 始建于公元前1世纪
特别点评 │ 独特的"罗马比萨风格"的建筑群，比萨斜塔更被誉为"斜而不倒的建筑奇迹"

俯瞰比萨建筑群

比萨历史

比萨兴建于公元前1世纪，原为埃特鲁里亚人的重要城市。当时的比萨处于埃特鲁里亚北部疆土的最边缘，只不过是一个很小的渔业小镇。后来，在罗马人与利古里亚人及迦太基人的战争中，比萨因与罗马人联盟而得到了发展，著名的比萨港成为罗马舰队理想的海军基地。中世纪时，比萨迅速扩张，它作为重要海港的作用也越来越大，并逐步成为意大利中部重要的海上共和国。12世纪，日耳曼霍亨斯陶芬王朝的腓特烈皇帝，赐保皇党城市比萨以托斯卡纳地区的领导地位，以彰其忠勇；但

随着比萨在1284年被热那亚击败后，这个荣誉也随之失去。1406年，比萨被佛罗伦萨击败后并入该城邦联，并于1806年成为意大利王国比萨省的省会。第二次世界大战期间，比萨也未能幸免，但战后小城修复如初。

"罗马比萨风格"

古罗马时代，在比萨流行的艺术和建筑很有特色，可以说是多种艺术精华的集合。它们所表现的题材极富新意，个性突出，从而形成了一个独立的艺术派别，历史上称之为"罗马比萨风格"。从11世纪到13世纪，整个城市建筑艺术风格广为传播，创造了这个小共和国的艺术辉煌时期。到了13世纪，比萨独有的建筑艺术风格实际上已经成了意大利主要艺术流派之一。在后来被称作"圣迹广场"的草地上，从主教堂到洗礼堂、钟楼和圣公墓这组建筑可说是这种艺术形式的体现。这些建筑有的部分吸取了古典艺

比萨塔是一座钟塔，共8层，高约56米，水平截面为圆形，通体用大理石建成，塔内有螺旋形楼梯294级，可盘旋而上。

术的隆巴尔第风格，有的部分是基督教罗马式风格，有的部分是拜占庭风格，还有一些受伊斯兰艺术式样的影响，因此这些建筑成为一个奇妙的古典建筑艺术集大成者。如果说主教堂建筑在比萨罗马式教堂建筑中作为一种典范的话，那么这个时期从城里到城外，所有的宗教建筑都表现出了一种壮丽、肃穆的风格，成为那个时期比萨繁荣昌盛的标志。

广场·主教堂·斜塔

圣迹广场即主教堂广场，这个广场的建筑群以其著名的地区性风格闻名于意大利乃至全世界，是整个比萨城艺术的精华所在。在这片绿草如茵的广场上，矗立着一系列精美的建筑，无论从平面布局，还是空间设置上，都疏密有致，和谐统一。广场的周围两边环抱着设有小塔的中世纪围墙。这段保存很好的围墙是整座城市强盛时期的见证。广场上所有的建筑物都用白色

的大理石衬托着许多精美细致的镶嵌装饰，长廊中的拱门、主柱、神龛以及姿态各异的雕像装饰构成了充满动感的图画，充分表现出神话般的魅力。

比萨主教堂又称作"升天圣母玛利亚大教堂"，是壮观宏伟的圣迹广场建筑群的首要建筑。大教堂竣工时，正好是比萨海军舰队在巴勒摩取得胜利的时候，教堂也因此变成了这个海上共和国一座光荣的纪念碑。教堂平面呈长方形的拉丁十字，长95米，纵向4排68根科林斯式圆柱，纵深的中堂与宽阔的耳堂相交处为一椭圆形拱顶所覆盖。主教堂旁侧还由一个圆形的洗礼堂和一个钟塔（比萨斜塔）共同构成一组建筑群，是意大利仿罗马建筑的典范。

举世闻名的意大利比萨斜塔位于比萨主教堂圣坛东南不远处，是作为主教堂钟楼而设计的，并于1174年开始建造。此建筑全部采用大理石材料，造型古朴而秀巧，为罗马建筑的典范之作。但由于设计者忽略了当地的地质特点，结果在塔砌到第三层时开始出现倾斜现象，虽采

主教堂旁边的洗礼堂是一座圆形建筑，共有四座门，面向主教堂外墙的东门是四座门中装饰得最好、最漂亮的门，门两边的侧壁上还装饰着美丽的拜占庭风格的浮雕。

取了补救措施，如加固基础、分散重力、增大张力等，但仍无济于事。1350年塔建好时，塔顶已与地面垂线偏离21厘米。数百年来，数十米的塔身持续而缓慢地向外倾斜，故称"斜塔"。1590年，伟大的物理学家伽利略，在比萨斜塔上做了著名的自由落体实验，推翻了希腊学者亚里士多德的"不同重量的物体落地的速度也是不同的"定律。从此，比萨斜塔闻名全球，成为比萨城的象征，也是比萨人的骄傲。现在的斜塔被采取有效措施改建地基，塔身已基本停止倾斜。

大教堂正立面高约32米，底层入口设有三扇大铜门，上有描写圣母和耶稣生平事迹的各种雕像。

古罗马竞技场 · *Amphitheatre of Rome* · 意大利

位置 | 意大利罗马埃斯奎利尼山
年代 | 始建于公元1世纪
特别点评 | 古罗马文明的象征，罗马古城的标志性建筑

竞技场的历史

古罗马竞技场又称"古罗马斗兽场"，是古罗马帝国王公贵族观看人与人、人与兽或兽与兽竞技厮杀的场所。这是公元1世纪古罗马帝国在征服耶路撒冷后，为纪念其伟大胜利和强大武力，强迫8万犹太俘虏修建的。整个工程共用了10万立方米的石材和300吨用于勾连条石的铁条。公元3世纪和公元5世纪，由于雷击和地震破坏，竞技场曾经两次修缮。此后，这里曾一度成为罗马采石场，很多基石被人拉走，许多雕像也被人偷走。

在罗马一些著名建筑上，如圣彼得大教堂等，都能发现竞技场的基石。1704年，教皇贝内德托十四世当政后，宣布竞技场为圣地，禁止采石，竞技场由此受到保护。1800年后，又经过几次较大的修整，竞技场最终形成今天的风貌。现在竞技场的高大围墙已残缺不全，表演场也已残破，露出地下室，但周围看台保存仍相当完好。

竞技场风貌

古罗马竞技场外观呈正圆形，俯瞰为椭圆形。整个建筑物占地2万平方米，大直径为188米，小直径为156米，圆周长527米，围高57米，均用淡黄色大理石砌成。围墙共分四层，一、

古罗马角斗士头盔

古罗马匕首

二、三层均有半露圆柱装饰，每两根半露圆柱之间为一长方形；第四层外表面装饰较简单，由长方形窗户和长方形半露方柱构成，在该层的2/3高处，设有等距离的支架，以便举行盛会时固定圆顶上端的天棚为观众遮阳。据说，在古代的时候，第二、第三层每个拱门洞中各有一尊作为装饰的大理石人物雕像，其姿态各异，英武丰俊，使建筑显得既宏伟又秀丽，既凝重又空灵。竞技

古罗马竞技场的高度相当于19层的摩天大楼，2000多年前古人的智慧令人赞叹。

尽管地下室已经露出，仍然阻挡不住竞技场内部磅礴的气势。

场内部的看台，由低到高分为四组，观众的席位按等级尊卑、地位差别加以区分。竞技场阶梯形看台分为三个区：最低一排的席位是为元老院议员和高等平民准备的，中间是皇帝的包厢，两翼是执政官和奉神的淑女们的包厢，高处的座位是为贵族准备的，再往上是普通的平民坐或站着的地方。

建筑秘密·贵族娱乐场

在2004年10月16日出版的德国《明镜周刊》上，德国建筑学家海因茨·于尔根·贝斯特向现代人揭开了古罗马竞技场建筑的秘密。根据海因茨·于尔根·贝斯特的研究，为了搭建古罗马竞技场，当时的人们至少使用了移动平台和可升降的罩笼，以供工人在高空作业。另外，最让人感到不可思议的是，当时的人们还发明了大型"起重机"，以将沉重的砖瓦、石料等建筑材料运到高处。贝斯特推测，为了建造竞技场，罗马人至少制造了30台以上的"起重机"。

现在我们将古罗马竞技场视为文明奇迹，可是2000年前，这里却是满足贵族们嗜血欲望的娱乐场。竞技场内，兽与兽斗，兽与人战，人与人争。当角斗士与角斗士之间相斗时，双方必须作生死决斗，败者的性命操纵在看台上寻欢作乐的贵族们手中：他们将大拇指向下，败者遭杀；若大拇指朝上，败者可免于一死。古罗马的角斗场上还曾出现过女性的身影。据说放荡的尼禄皇帝曾将帝国议员们的妻子逼进角斗场，以她们的互相残杀为乐。更有被当时的雕塑家在石雕上记录下来的一幕：两位女角斗士披挂整齐，手持利刃和盾牌，决一死战。角斗场上的厮杀是残忍的，更残忍的是观众视之为乐的铁石心肠。有人说，只要你抓一把台上的泥土，轻轻一捏，就可以看见印在手上的血迹。

夕阳斜照下的古罗马竞技场展现着建筑的宏伟与历史的沧桑。

高迪建筑 · *Gaudi Architecture* · 西班牙

位置 ｜ 西班牙巴塞罗那
年代 ｜ 19世纪后半期至20世纪初
特别点评 ｜ 独特的"高迪式"建筑成为巴塞罗那最吸引人的街景

伟大的建筑艺术家

巴塞罗那以独特的建筑艺术称荣，但城中几乎所有最具盛名的建筑物都出自一人之手，他就是被公认为巴塞罗那建筑史上最前卫、最疯狂的建筑艺术家——安东尼奥·高迪·伊·克尔内特。他于1852年7月26日生于离巴塞罗那不远的一个小镇。出身于金属工艺师家庭的高迪，青少年时代当过锻工，又学过木工、铸铁和塑膜。1878年，高迪获得建筑学学士学位。同年，他为巴塞罗那设计了路灯，并为巴黎万国博览会设计了一些橱窗展台，这使他在设计界崭露头角。可以说，高迪是个幸运儿，正当他在建筑设计界小有名气的时候，一个名叫古埃尔的富商把自家未来的宅邸和一个以古埃尔名字命名的城市花园的设计交给了高迪。从此，高迪独特的建筑构想一发而不可收，设计了古埃尔宫、古埃尔公园、米拉宫、圣家大教堂等等让世人叹为观止的建筑。

高迪设计的百柱厅

高迪的建筑风格

作为用建筑表达思想的哲人，高迪对西班牙传统建筑进行了解构。他认为，建筑就是雕塑，就是交响乐，就是绘画作诗。在这一思想指导下，高迪的建筑风格既不是纯粹的哥特式，也不是罗马式

被列为世界文化遗产的米拉宫

或混合式，而是融合了东方伊斯兰风格、现代主义、自然主义等诸多元素于一体的作品，是一种高度"高迪化"了的艺术建筑。他拒绝在建筑物上使用直线，认为直线是人为的，曲线才是自然的。高迪最偏爱的几何形体是圆形、双曲面和螺旋面。由于高迪摒弃了彻头彻尾的直线设计，而采用不同一般的欧陆风格，因此，他设计的艺术建筑物使巴塞罗那成为了一座梦幻之城。

宫殿·公园·大教堂

米拉宫坐落于巴塞罗那的格拉西亚区，这座六层楼高的建筑以波浪般的外观沿着两个不同形状的天井向上推展，将每一楼层分割成四户，每户的向街阳台和对内空间都是独一无二的，显示出东方的阴阳风水特色。整幢建筑由曲线构成，没有一处直角设计；墙面、柱面、天花板是仿天然拉毛的粗糙面。整个米拉宫就像从起伏变化的崖壁开凿出来的天然石窟，非常引人注目。

古埃尔公园是个开放式的梦幻国度。公园位于巴塞罗那西北方的一片山坡地上。从公园的南侧大门进入，印入眼帘的是一连串融合于大自然的造景。首先，如童话中姜饼屋般的建筑物矗立于大门左右两则，以马赛克拼镶的台阶则紧接在后，这里是公园的精华之一。公园那排长蛇般的座椅，其高度、弧度以及相距的空间，恰到好处地保持了朋友之间促膝谈心应有的距离。高迪以他魔幻般的艺术风格给古埃尔公园施了前无古人后无来者

的魔法。

圣家大教堂是一座由许多尖塔和楼台组成的教堂群体，充分体现了高迪的建筑风格。教堂东、西、南方向各有一座大门，分别象征着基督的诞生、受难与升天，门上镂空雕刻着耶稣和门徒。这三扇大门每扇门的顶端竖立着4个尖塔，这12个尖塔象征着耶稣的12个弟子。教堂高达150米的数根细长的圆柱形尖塔直冲云霄，上面装饰着色彩明快的马赛克，塔身黄土色，中间有许多长方形的窗洞。整座建筑使古典与现代风格相结合，奇特瑰丽。

高迪的力作之———巴由之家

仍在修建中的圣家大教堂

法罗斯灯塔 · *The Pharos Lighthouse* · 埃及

位置 ｜ 埃及亚历山大港口旁的法罗斯岛上
年代 ｜ 建造于公元前3世纪
特别点评 ｜ 灯塔的鼻祖，曾被列为"古代世界七大奇迹"之一

灯塔史话

亚历山大的法罗斯灯塔曾屹立于亚历山大港口的法罗斯岛上。当年，该灯塔用来引导船舶安全进入亚历山大港。据说修建它共用了15年的时间，耗资巨大。灯塔始建于托勒密一世时期，于托勒密二世时期的公元前283年左右竣工。除了吉萨金字塔以外，该灯塔是当时世界上最高的建筑物。公元7世纪时灯塔倒塌；公元880年又得以修复；11世纪末，灯火楼在地震中倒塌，仅存正方形塔基；1326年的一次强地震使塔基荡然无存。此后，法罗斯灯塔遗址上建造了一座阿拉伯卡特贝古堡。古堡的中心塔可能就建于法罗斯灯塔的基座上，也可能就是依据法罗斯灯塔原来的平面形状及大小尺寸重建的。用于修建古堡的材料大部分取自于法罗斯灯塔。在

今天的亚历山大港

19世纪时，古堡中心塔被英国殖民者破坏，以后几经修复。现在，在东港湾仅存一座黄灰色的石头堡垒，为中心塔遗址所在地。另外，在离亚历山大城48千米处，有一个缩小的法罗斯灯塔复制品，供游人观赏凭吊。

灯塔形貌

据文献描述，法罗斯灯塔由四层构成，整体外形略向里倾斜。灯塔底层为正方形，高60米，有300个房间供人员住宿、存放器物。第二层为八面体，高30米。第三层为圆形，由8根圆柱撑着一个圆顶，并有螺旋通道通向顶部，这一层即灯体所在处。第四层为海神波塞冬的巨大塑像，高7米。整个灯塔面积约930平方米，高达180米，全为石灰石、花岗石、白色大理石和青铜筑成，气

法罗斯灯塔模拟图

正在探测法罗斯灯塔海底遗址的潜水员

象巍峨。关于塔灯，有人说是一个大型的金属镜，可在白昼反射日光，夜里反射月光。但比较可信的说法是，塔中放置有巨大的长明火盆，另有磨光的花岗石所制的反光镜用以反射火光。这样，远近海船都能遥见塔上灯光，晦明不息，据以导航。

灯塔建造·海底遗址

对法罗斯灯塔的修建有一些推测。学术界普遍认为修建灯塔的白色石头是当地产的石灰石而不是大理石。另

外，因为花岗岩负重力比石灰石强，所以在灯塔的底部和门口的上部采用了花岗岩。灯塔的建筑者们运用希腊式建筑的技巧，包括改进过的起重机和上升装置，这大大促进了工程的进度。修建灯塔上层的大量石块当然也有可能通过塔内螺旋坡道拖运上去的。塔灯燃料可能是由牲畜驮运，经螺旋坡道输送，并由上升装置拖运到顶部。当时有可能运用了一种能放大灯光的反光镜，但是现在没有确切的证据来证明。

1994年，在法罗斯灯塔旧址附近修筑防波堤时，人们意外地发现了古代石料之类的东西。令世人瞩目的海底考古开始了。考察队在法罗斯灯塔旧址周围发现了大量的古代文物，仅从海底发现的狮身人面像就达12座之多。其中托勒密二世时期制作的狮身人面像的头部重达5吨；其身体和雕像的底座也在附近被发现，底座长3.5米，侧面刻有托勒密二世的称号。另外在海底还发现一组巨型雕像，总数达2000具以上。它们体积巨大，高度多在13米以上，单体重达数十吨。经过长时间的水下搜索，考察队终于找到了法罗斯灯塔塔身。经测量，灯塔边长大约36米。在灯塔的每个侧面，都有大量的精美巨型雕像作为装饰。不难想象，当初法罗斯灯塔是何等壮观。

与堡所在的地方眺望宣布着灯塔。

金字塔 · *The Pyramid* · 埃及

位置 ｜ 主要位于埃及吉萨高原
年代 ｜ 始建于公元前2600年以前
特别点评 ｜ 世界公认的"古代世界七大奇迹"之一，古埃及辉煌文化的见证

神秘的陵墓

埃及金字塔共有100来座，其中大部分位于尼罗河下游西岸、开罗西南吉萨高原的沙漠中。金字塔阿拉伯文意为"方锥体"，因为其形状酷似汉字"金"，所以在中国被称为"金字塔"。一般说法认为金字塔是古埃及法老（国王）的陵墓，相传，古埃及第三王朝之前，无论王公大臣还是老百姓，死后都被葬入一种用泥砖组

成的长方形坟墓中。后来，有个聪明的年轻人伊姆荷太普，他在给埃及法老左塞王设计坟墓时，发明了一种新的建筑方法。他用山上采下的方形石块来代替泥砖，并不断修改陵墓的设计方案，最终建成一个57米高的六级梯形金字塔，这就是人们现在所看到的第三王朝法老左塞王的六层金字塔。建金字塔之风在第三王朝法老时扩大，到第四王朝时，法老更加骄纵无度，不计代价地兴建巨大的陵墓，于是出现了吉萨三大金字塔。由于人民的激烈反对和法老财力的拮据，第五王朝建造金字塔的规模显然缩小了。第六王朝以后，地方势力抬头，各州州长纷纷自立，法老的中央集权有名无

实，古王国的统一局面逐渐陷于分裂瓦解，金字塔之风也由此衰弱。

胡夫金字塔

在埃及已发现的金字塔中，最大最有名的是位于开罗西南面的吉萨高地上的祖孙三代金字塔。它们是胡夫金字塔、海夫拉金字塔和门卡乌拉金字塔。而在这三座金字塔中，又以胡夫金字塔最为高大壮观。胡夫金字塔建于埃及第四王朝第二位法老胡夫统治时期（约公元前2670年），原高146.59米，因顶端剥落，现高136.5米；塔的四个斜面正对东西南北四个方向；塔基呈正方形，每边长约230米；塔身由230万块巨石组成，它们大小不一，重达1.5吨至160吨，平均重约2.5吨。据考证，为建成大金字塔，一共动用了10万人耗费了20年时间。公元820年，金字塔上的"玛门穴"

金字塔底的祭祀神庙藏着多少神秘的故事？法老的诅咒是否灵验？

通道被后人找到。这条通道深入金字塔内部，并连接数条通道。但金字塔真正的入口就在玛门穴上方，离地表约16.76米的地方。由此，人们可以进入金字塔内部，观看"大甬道"、"王后墓室"、"国王墓室"等神秘的建筑。

世界七大奇迹之首的金字塔在落日余晖里与驼队共存于历史的行程中。

谜团·神力·诅咒

胡夫金字塔上的巨大岩块非常平整光滑，石块与石块之间没有任何黏结物，却拼合得天衣无缝，甚至连最薄最薄的刀片也插不进去。怎样把这些庞然大物一层层垒上去，是一个引人猜想的谜团。有人认为是用杠杆原理垒成的，可是能吊起上百吨石头的绳索或能支撑这些重量的支架从何而来？也有人说是运用添沙法，可是如果垒到那么高的沙子，运输和清除沙子耗费的人力和物力将是天文数字。还有人说是填盐法，可是一场暴雨过后盐就会溶解大半。究竟4000多年前的古人是怎样把这座金字塔建起来的，到现在还是一个谜。

1930年，法国人安东尼·博维参观胡夫金字塔时，发现王室里的垃圾桶里面有猫和老鼠的尸体，尽管墓室中非常潮湿，但尸体却未腐烂。他认为，这种现象应该是和金字塔的几何学图形有关。他回国后用硬纸板做了一个底边长0.9米的胡夫金字塔模型，再将猫的尸体放在与墓室位置相同的距底部1/3的高度之处。结果他发现，过了数日，猫的尸体竟然没有腐烂。接着，他又用肉片及蛋等加以实验，结果确认不论放入什么东西全都不会腐烂。最后，他得出一种假设，或称为一个定理：来自太阳的宇宙微波，通过聚集于塔内的地球磁场，活跃了模型内的震荡波，使内部的物体"脱水"而不腐。

这种特性不局限于胡夫金字塔模型，其他形状和大小的金字塔模型也能对物体产生同样的作用。

1922年，人们在发掘公元前14世纪去世的图坦卡蒙国王的陵墓时，发现墓穴入口处赫然写着："任何盗墓者都将遭到法老诅咒！"科学家们当然不信这些。但是，厄运和灾难却一再证明法老诅咒的效力。先是作为发掘领导人之一的卡那公爵被蚊虫咬了一口，突然发病去世。接着，参观者尤埃尔溺水而死，另两名发掘者麦克、皮切尔也先后去世，死因不明。在发掘后3年零3个月的时间内，先后有22名与发掘者有关的人神秘去世。这里面到底有什么样的玄机，人们百思不得其解。

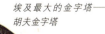

埃及最大的金字塔——胡夫金字塔

阿克苏姆巨石柱 · *The Giant Stelae of Aksum* · 埃塞俄比亚

位置	埃塞俄比亚北部的提格莱高原上
年代	约建于公元306年
特别点评	人类有史以来建立的最大的独石建筑之一，埃塞俄比亚的国宝

埃国"基石"上的国宝

阿克苏姆位于提格莱高原，是埃塞俄比亚的历史名城，因为历史上有许多王国在此定都，故而被称为埃塞俄比亚的"基石"、"城市之母"和"古代文明的摇篮"。建筑艺术在阿克苏姆文明中占有非常突出的位置。这里有许多寺院、雕刻和碑文，更矗立着许多世界上独有的花岗岩巨石柱，又叫"花岗岩方尖碑"。巨石柱大约建于公元306年，均由整块岩石凿成，成为当今世界上独一无二的巨石景观。这些巨石柱是阿克苏姆文明的标志性建筑，埃塞俄比亚的国宝。二战期间，法西斯分子觊觎巨石柱。

一座高24米、重200吨的埃塞俄比亚第二高巨石柱在1936~1941年意大利占领埃塞俄比亚期间，被墨索里尼掠往罗马，竖立在君士坦丁拱门附近，作为意大利"战胜"埃塞俄比亚的象征。二战结束后，意大利于1947年与埃塞俄比亚签订协议，同意归还巨石柱。但由于种种原因，协议一直没有兑现。埃塞俄比亚政府经过坚持不懈的努力，终与意大利在2004年11月18日就巨石柱归还问题签署了协议。2005年4月19日至25日，这座巨石柱分为三部分被空运回埃塞俄比亚，数百名当地群众欢庆国宝回归。

此巨石柱表面的雕刻描绘了一幢高十层的建筑。

巍峨壮观的阿克苏姆巨石柱群

阿克苏姆巨石柱群

阿克苏姆考古遗址原有一个由七座巨石柱组成的石柱群。其中的五座早已倒塌，剩下的两座中，一座高33米，为13层楼状，是人类竖立起的最高石碑。这座石柱的正面雕刻着一个九层建筑，门、窗、梁等一应俱全。另外一座巨石柱，高24米，在柱顶上雕刻着一面类似盾牌的图案。它就是被意大利掠走，在2005年归还的巨石柱。据说，这些巨型石柱很可能是为了纪念早期一些阿克苏姆的国王而建的。

石材开采·艺术特征

建巨石柱的石头来自不同的采石场。那些出产花岗岩石头的采石场遗址主要位于阿克苏姆西部的高白德拉山上。采石之时，先在挖出的石块上琢出线条，然后再沿着这些线条挖凿凹孔。这些雕凿的痕迹在被遗弃的采石场

神圣庄严的阿克苏姆巨石柱

石材以及那些被运送到阿克苏姆的石柱上都还能看到。

不同规模的巨石柱体现了它们所纪念的国王的财富与地位。阿克苏姆巨石柱上雕刻有多层建筑的图案，它们夸张地表现了当时阿克苏姆建筑的风格。晚于石柱修建并且幸存下来的阿克苏姆建筑，都与石柱上所雕的图案相似。从横截面看，这些石柱大多是简单的矩形。在石柱的一面、两面，或者四个面上，都有暗刻图案，它们模仿描画了有名的阿克苏姆建筑的平面图。暗刻横条代表木制横梁，其上是几排圆形突出物，显然是模仿横梁的突出端。在实际建筑中，这些横梁与墙壁构成直角，加固墙壁，有时这些横梁也用来支撑内部地板。巨石柱底部前端装

有一个假门(有时也被装在后端)。假门雕成木门的样子，门的四角也有模仿横梁末端的方形突出物。有时假门上还粗粗雕有门鼻。在一些假门的上方有一道石梁，梁上刻有齿状饰物，代表一般民居安在此处的垂直木板。现在这种门梁在阿克苏姆某些地区依然可见。巨石柱的上层建筑以成排的窗户为标记。最大的石柱上方的三层楼的窗户，雕有几乎与现实建筑中保留下来的木制窗户一样的窗饰。在每根石柱的圆顶上，还有一个凹面或者两个凹面，正面则带有一个或两个壁凹。这些凹面和壁凹，原来似乎装有用销子固定的金属板饰。大部分石柱建有水平的基板，有些石柱的基板经过精心雕刻，可能是用来放置祭品的地方。

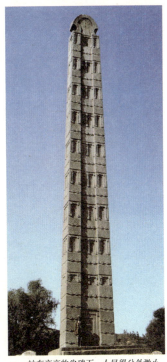

站在高高的尖碑下，人显得分外渺小。

石头城 · *The Stone City* · 津巴布韦

位置	津巴布韦马斯文戈
年代	约建于公元8~10世纪
特别点评	非洲文明的精粹，津巴布韦国名来源

发现石头城

1871年5月，德国人卡尔·毛赫率领40多人从南非德尔班向北进发，探寻传说中的黄金宝石城。7月底，他越过林波波河，抄小路进入山中。9月5日，卡尔在丛林中看到一片裸露的岩石。再走近一点，他看到一个大约七八米高的花岗岩石柱，石城的遗址初见端倪。继而他发现了一条粗石铺成的小路通向前方，顺着这条路，有一堆堆粗石、一段段残墙和一丛丛灌木。最后他在一座9米高的塔状建筑物前停了下来。他惊讶这些墙和塔竟是石板砌成的，石板之间找不到任何泥浆之类的黏合物；石板切割得非常精确，垒砌在一起居然天衣无缝。卡尔以为这就是《圣经》中的黄金宝石城，便把这个发现报告给德国。实际上，这就是著名的大津巴布韦石头城遗址。

大津巴布韦遗址

津巴布韦共和国现存大小石头城遗址200多个，而大津巴布韦遗址是最大的一处。津巴布韦这个词可能源于班图语，意为"受敬仰的石头城"。大津巴布韦遗址占地约0.78平方千米，当时人口估计达1.8万人。这座古

部分呈"之"字形的石墙顶部结构

城遗址共由约100万块花岗石砌造而成，分为卫城（山地要塞）、椭圆形大围场（庙宇）以及卫城和围场之间的各类建筑遗址，即山顶建筑、山下石郭和谷地建筑三个部分。整个城池遗址的制高点就是卫城，城堡前只有两条羊肠小道通往山脚，城堡后面则是陡壁绝崖。城墙只开着可容一人侧身出入的狭窄石门，颇有"一夫当关，万夫莫开"的架势。从卫城上可以清楚地看到下面的椭圆形大围场。大围场依山傍崖，城墙周长240米，高10米，底厚5米，顶厚2.5米，面积4600平方米；外围之内有内城，呈半圆形，周长90米；据计算，两道城墙共用去石料1.8万立方米，足可以盖成一座90层的摩天大楼。遗址中最显眼的建筑是一座圆锥形实心塔，高约10

椭圆形大围场规模宏大，东北部的墙高9.1米，底部厚度为4.9米，令人震撼。

大津巴布韦遗址的石墙随着地势建造，将巨石嵌入墙体。

米，可能是当年王室用以祭祀的膜拜物。在卫城和围场之间是一片开阔的谷地，谷地上有一些零星而低矮的石头建筑。整个大津巴布韦遗址是一个石头王国，讲述着不为人知的神奇故事。

石头城考古

19世纪90年代，研究远古文明的专家詹姆斯·狄奥多尔·本特来到这个遗址考察。他曾困惑于大津巴布韦是否是非洲文明的产物。1902年到1904年，发掘大津巴布韦遗迹的官方考古学家霍尔对出土文物研究后认为，大津巴布韦是由从阿拉伯或近东来的北方人所建造的。他们的结论几乎影响了一代考古学家，同时代的欧洲人都比较接受大津巴布韦城不是非洲本地文化遗作的说法。最早提出大津巴布韦属于非洲文明的人是考古学家大卫·兰德尔·马克尔。1905年他仔细考察了这片遗址后郑重宣布：大津巴布韦"毫无疑问，在每一个细节上都属于非洲"。但英国科学促进会不愿意接受这个定论。经过数十年的争论后，1970年，罗得西亚（津巴布韦旧称，当时为英国殖民地）的一位官方考古学家不得不承认：大津巴布韦古城确实是非洲文明的硕果！1980年，罗得西亚独立，一切权力归于占绝大多数的黑人。这个国家自豪地取名为"津巴布韦"。

津巴布韦鸟·示巴女王

大津巴布韦遗址中挖掘出了一些石鸟。这些石鸟用微红的皂石精细雕成，手法简隽大方。石鸟们脖子贴直，翅膀贴身，身如鹰，头似鸽，高有50厘米，人们称之为"津巴布韦鸟"或者"上帝鸟"。有人认为这是南半球珍贵的候鸟"红脚茶隼"的造型。津巴布韦现存的津巴布韦鸟石雕共有8个，它们被视为国宝，并予以珍藏。不仅如此，津巴布韦鸟还成为津巴布韦的"国鸟"，并作为津巴布韦的象征印在了国旗和硬币上。

以前，很多人认为大津巴布韦是"示巴女王"的城堡。《圣经》里有一个关于示巴女王的传说：公元前10世纪中叶的某一天，一位神秘的异国君主——示巴女王带着香料、宝石和金子前来拜会所罗门王，所罗门王对她也给予了盛情款待。对于金子的渴望让众多的寻宝人来到大津巴布韦，寻找他们梦想中的宝藏。但是，示巴女王的城堡和宝藏都没有被找到，只有孤独的石头城仍然屹立在这块神秘的土地上。

狭窄的通道、高峻的城墙，这就是石头城的"平行通道"。

卡帕多希亚岩穴建筑 · *Cappadocia* · 土耳其

位置 ｜ 土耳其的卡帕多希亚
年代 ｜ 开凿于公元4世纪
特别点评 ｜ 独特的凝灰岩地貌和神奇的穴居建筑成为土耳其最引人注目的建筑风景

岩林石窟与当地人的住房和谐共处，相互映衬，相得益彰。

古老的卡帕多希亚

卡帕多希亚坐落在土耳其阿佛罗斯以南、内夫谢希尔以东、尤鲁长普以西的三角地域内的格雷梅国家公园内。卡帕多希亚在公元前2000年就已经有西台人在此居住，后又有亚述人在此设立贸易站。公元前1250年，腓尼基人控制了这个区域，直到公元前6世纪才被米底人驱逐。公元17年，卡帕多希亚成为罗马的一个行省后逐渐有城市的规划。之后，这个区域开始受到基督教的影响。基于基督教的影响日益扩大，罗马当权者开始对这里的基督徒进行残酷的迫害。卡帕多希亚的岩穴建筑和地下村庄就是在这时挖掘的，主要是为了更加隐蔽的进行宗教活动。

卡帕多希亚岩石地貌

在很久以前，卡帕多希亚地区的埃尔季亚斯火山和哈桑火山爆发，大量的火山灰沉积为厚厚的凝灰岩。凝灰岩岩性较软，经过长年的流水侵蚀，形成了卡帕多希亚奇岩林立的特殊景观。呈塔状的岩景奇妙无比：岩石像波浪一样，洁白平亮，一波一波不知卷向何方；随着阳光的变化，"浪涛"从白而粉红到暗紫；傲然耸向天际的烟囱石，像是戴着黑

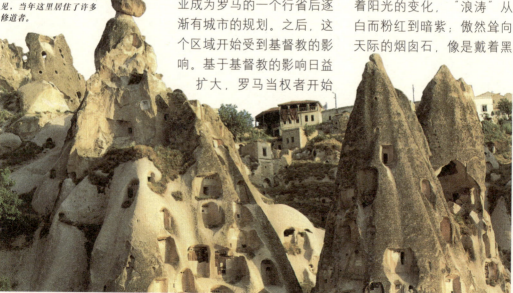
夕阳下的岩林门窗清晰可见，当年这里居住了许多修道者。

帽的仙人部队，引领人们到达一个神话般的世界。在这神话世界里，不知从何时开始出现了一座座岩穴建筑。厚厚的凝灰岩石头像黄土高原一样具备挖窑洞的地质特征，于是，这些开在山上的窑洞记录了那个时代的宗教信仰。古代土耳其人用他们的智慧给我们展现了别具一格的建筑奇观。

美丽瑰奇的卡帕多希亚奇石风光

岩穴教堂·地下村庄

卡帕多希亚拥有很多岩穴教堂，至今还能找到1000多座。在格雷梅山谷，实际上每一座小尖岩都已被挖空，里面几乎都有一所教堂。沿石梯爬进教堂可以看到：岩石被巧妙地挖凿成带有穹顶、圆柱和拱门的十字形状；洞壁、穹顶和圆柱上，到处装饰着美不胜收的壁画。因为使用的是高级蓝色颜料，所以壁画直到今天仍然色彩鲜艳。在泽尔弗峡谷两边的悬崖上，也

有许多雕凿而成的教堂建筑，设有礼拜堂、斋堂、厨房和卧室等，甚至连祭坛、餐桌和家具都是石头制成的。有的地方，甚至一大片巨石就是一个岩穴社区：巨石内错综复杂，厅室无数，最大的岩穴社区可容纳600人。现在，有些岩穴教堂变成了当地土耳其人居家的住所，另一些则用作贮藏或牲畜厩棚。时光荏苒，昔日诵读经文的声音今已不再，我们只能从那些虽已略显斑驳但色彩鲜艳依旧的壁画当中去想象教堂中曾有的光景和氛围，感受那跨越时空的虔诚与庄严。

1963年，在卡帕多希亚的德林库尤村地底下，人们首次发现了地下城镇。它有一个像井似的入口，向下共有八层，

借助梯子上下，里面建有无数的住宅、小教堂、厨房、水井和食品的贮藏室，还有通风管道以及墓地和供逃跑用的地道，足可容纳上万家庭居住。时隔两年，同样规模的另一个地下迷宫在凯梅克里附近被发掘。一条长10千米的地道连接着这两个地下城镇。在以后的10年中，人们一共发现了63处地下城镇。这些地下建筑虽尚未完全挖掘，但其规模已经相当惊人。

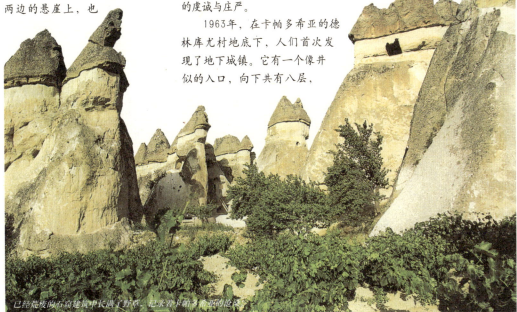

已经荒废的石窟建筑中长满了野草，记录着卡帕多希亚的沧桑

泰姬陵 · *Taj Mahal Tomb* · 印度

位置	印度北方邦
年代	始建于1631年
特别点评	蕴涵着美丽爱情故事的艺术瑰宝，世界七大建筑奇迹之一

泰姬陵通体用雪白的大理石砌成，墙壁、门扉、窗棂雕满了精美的花纹。泰姬陵中央圆顶高62米，四周有四座高约41米的尖塔，共同诠释着它的瑰丽与神圣。

见证爱情的陵墓

神圣瑰奇的泰姬陵是沙·贾汗皇帝为纪念他36岁就去世的蒙泰姬·玛哈尔皇后而在1631年建造的陵墓。蒙泰姬·玛哈尔生前不但是沙·贾汗最宠爱的妃子，而且还是一个精明的顾问。当年沙·贾汉听闻爱妃先他而去的消息后，竟一夜白头。他穿了两年丧服，并发誓要建一个配得上他妻子的、无可比拟的陵墓。他召集2万人用了20多年的时间修建了这座"晶莹剔透"的泰姬陵。沙·贾汗本想在河对面再为自己造一个一模一样的黑色陵墓，中间用半边白色、半边黑色的大理石桥连接，与爱妃相对而眠。谁知泰姬陵完工不久其子篡位，这个梦想也成为泡影。不过他的儿子把他的灵柩安放在蒙泰姬·玛哈尔皇后的灵柩旁边，也算让有情人终于相守在一起了。

白色泰姬陵

泰姬陵是印度建筑史上的奇迹。陵墓长576米，宽293米，占地0.17平方千米，周围环绕着红色砂石墙。整个陵墓由前庭、正门、莫卧儿花园、陵墓主体以及两座清真寺组成。陵墓主体用雪白的大理石砌成，墙壁、门

泰姬陵是印度穆斯林文化的象征。

雾中的泰姬陵更添几分神秘色彩，水中的倒影与真实的泰姬陵构成人间仙境般的美景，引人入胜。

扉、窗棂雕满了精美的花纹。泰姬陵中央圆顶高62米，四周有四座高约41米的尖塔。泰姬陵墓室的天花板呈莲花形，泰姬·玛哈尔的灵柩就安放在这里。主体陵墓前有十字形的喷泉水道。站在水池前，真实的泰姬陵与水中的泰姬陵交相辉映，神秘、瑰丽、清奇，好似一个白色的童话景观立在你的眼前。在泰姬陵主体陵墓的两侧，有两座一模一样的建筑面向陵墓而立：西侧是清真寺，东侧为迎宾馆。同样的红砂岩建筑材料，同样的白色圆顶，清真寺与主体陵墓共同构成了唯美的对称效果，给人以极佳的视觉享受。清真寺前同样有喷泉水道，澄静的水面映衬着清真寺，亦真亦幻。

"四"·"伞"

泰姬陵的建筑概念都与数字"四"密切相关。陵墓主体四周有四座高高的尖塔；位于陵墓主体前方的莫卧儿花园以两行并排的树木划分成四个同样大小的长方形。那么，"四"代表着什么呢？"四"是伊斯兰教的神圣数字，象征着神圣与和平。沙·贾汗皇帝用这样的建物配置方式显示了泰姬陵的高贵与圣洁，以寄托对皇后的哀思。

泰姬陵受波斯建筑的影响非常明显，无论是四分式庭院、拱形尖顶塔，还是圆形穹顶，甚至墙壁的镶嵌技法，都是来自于波斯的建筑艺术。那么，这座建筑中的印度风格主要体现在哪里呢？原来，在耸立于中央穹顶的四周，有一种靠细细的柱子来支撑穹顶的小塔。这些塔在梵语中的意思为"伞"，这就是印度伊斯兰建筑的特色之一。泰姬陵清真寺顶部装饰有这种塔，南门上也并排装饰着这种塔。这种小塔以它的神圣内涵与本土风格给泰姬陵增添了一份圣洁与清丽。

清真寺由红砂岩建筑而成，昭示着它的威严。

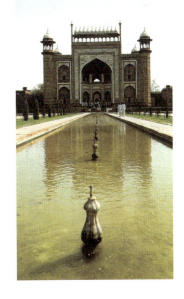

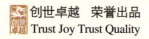
创世卓越　荣誉出品
Trust Joy Trust Quality

图书在版编目(CIP)数据

全球最美的古迹遗址/龚勋主编. — 重庆：重庆
出版社，2013.1
（学生地理探索丛书）
ISBN 978-7-229-05467-0

Ⅰ.①全··· Ⅱ.①龚··· Ⅲ.①名胜古迹－世界－青年
读物②文化遗址－世界－青年读物③名胜古迹－世界－少
年读物④文化遗址－世界－少年读物 Ⅳ.①K917-49

中国版本图书馆CIP数据核字(2012)第163557号

学生地理探索丛书

全球最美的
古迹遗址 HISTORIC SITES

总 策 划	邢　涛	邮　编	400016
主　编	龚　勋	网　址	http://www.cqph.com
设计制作	北京创世卓越文化有限公司	电　话	023-68809452
图片提供	全景视觉等	发　行	重庆出版集团图书
出版人	罗小卫		发行有限公司发行
责任编辑	郭玉洁　李云伟	经　销	全国新华书店经销
责任校对	郑　葱	印　刷	北京楠萍印刷有限公司
印　制	张晓东	开　本	787mm×1092mm　1/16

重庆出版集团
重庆出版社 出版　果壳文化传播公司 出品

地　址	重庆长江二路205号	印　张	12
		字　数	200千
			2013年1月第1版
			2013年1月第1次印刷
			ISBN 978-7-229-05467-0
		定　价	19.80元